ANSIEDAD

CÓMO ENFRENTAR EL MAL DEL SIGLO

AUGUSTO CURY

ANSIEDAD

CÓMO ENFRENTAR
EL MAL DEL SIGLO

El Síndrome del Pensamiento Acelerado:
cómo y por qué la humanidad enfermó colectivamente

OCEANO

ANSIEDAD
Cómo enfrentar el mal del siglo

Título original: ANSIEDADE. COMO ENFRENTAR O MAL DO SÉCULO

© 2013, Augusto Cury

Traducción: Pilar Obón

Diseño de portada: Estudio Sagahón/Leonel Sagahón
Fotografía del autor: © Instituto Academia de Inteligência

D. R. © 2018, Editorial Océano de México, S.A. de C.V.
Eugenio Sue 55, Col. Polanco Chapultepec
C.P. 11560, Miguel Hidalgo, Ciudad de México
Tel. (55) 9178 5100 • info@oceano.com.mx

Primera edición en Océano: 2018

ISBN: 978-607-527-495-9

Impreso en México / Printed in Mexico

Dedico este libro a alguien especial.

Deseo que seas un gran soñador
y que, entre tus sueños, anheles tener
una historia de amor con calidad de vida.
En caso contrario, tendrás una deuda enorme con
tu salud emocional y con una mente libre.
Comprende que los mejores seres humanos traicionan:
traicionan sus fines de semana, su sueño, su descanso.
Traicionan el tiempo con las personas que más aman.
¡Desacelera!
Que en este libro aprendas a administrar tus
pensamientos y a proteger tu emoción.
Pues, por más fuerte que seas, eres un simple mortal.
Gracias por existir.

Agradecimientos

Por fortuna, las mujeres están dominando al mundo. En mi opinión, ellas son más inteligentes, altruistas y solidarias que los hombres. Agradezco a las mujeres de mi vida; a mi esposa Suleima y a mis queridas hijas, Camila, Carolina y Claudia. Con ellas aprendo que todas las decisiones implican pérdidas. Quien no esté preparado para perder lo trivial no es digno de conquistar lo esencial. Y, si somos amigos de la sabiduría, descubriremos que lo esencial son las personas que amamos...

Índice

Prefacio

Vivimos en una sociedad urgente, rápida y ansiosa. Las personas nunca tuvieron una mente tan agitada y estresada. La paciencia y la tolerancia a las contrariedades se están convirtiendo en artículos de lujo. Cuando la computadora se tarda en iniciar, no pocos se molestan. Cuando las personas no se dedican a actividades interesantes, se angustian con facilidad. Son raros los que contemplan las flores en las plazas o se sientan para dialogar en sus terrazas o balcones. Estamos en la era de la industria del entretenimiento y, de manera paradójica, en la era del aburrimiento. Es muy triste descubrir que gran parte de los seres humanos de todos los países no saben estar solos, interiorizarse, reflexionar sobre los vaivenes de la existencia, disfrutarse, tener un diálogo consigo mismos. Esas personas conocen a muchos en las redes sociales, pero rara vez conocen a alguien a fondo y, lo que es peor, rara vez se conocen a sí mismas.

Este libro habla del mal del siglo. Muchos piensan que la enfermedad del siglo es la depresión, pero aquí presento otro mal, quizá más grave, pero menos perceptible: la ansiedad recurrente del Síndrome del Pensamiento Acelerado (SPA). Pensar es bueno, pensar con lucidez es óptimo, pero pensar de más es una bomba contra la salud psíquica, el placer de vivir y la creatividad. No sólo las drogas psicotrópicas envician, sino también el exceso de información, de trabajo intelectual, de actividades, de preocupación, de uso del celular. ¿Usted vive esos excesos? Éstos llevan a la mente humana al más penetrante de todos los vicios: el de pensar. Muchos de los más sobresalientes profesionistas padecen de ese mal; son estupendos para su empresa, pero verdugos de sí mismos. Desacelerar nuestros pensamientos y aprender a administrar nuestra mente son tareas fundamentales.

El contenido de este libro se deriva de la Teoría de la Inteligencia Multifocal (TIM), una de las pocas teorías que estudian el complejo proceso de construcción de pensamientos, de formación del Yo como administrador psíquico, los papeles de la memoria y la formación de pensadores. Por lo tanto, el libro no es una obra de autoayuda con soluciones mágicas, sino una obra de aplicación psicológica. Enseño a mis alumnos de maestría y doctorado en psicología, *coaching* y ciencias de la educación muchas de las tesis aquí expuestas. Sin embargo, procuré escribirlas en un lenguaje simple, usando muchos ejemplos y metáforas, para que el libro fuera accesible no sólo a los más diversos profesionistas, profesores y padres, sino también para los jóvenes, porque incluso ellos son víctimas del SPA. Sin darnos cuenta, destruimos la salud emocional de la juventud en todo el mundo. Espero que usted se sumerja en las capas más profundas de su mente y aplique las herramientas que se proponen aquí.

El dinero compra aduladores, pero no amigos; compra la cama, pero no el sueño; compra paquetes turísticos, pero no alegría; compra todo y cualquier tipo de producto, pero no una mente libre; compra seguros, pero no la seguridad emocional. En una existencia brevísima y compleja como la nuestra, conquistar una mente libre y tener seguridad emocional hace toda la diferencia...

Dr. Augusto Cury

1

El mal del siglo:

¿Depresión o Síndrome del Pensamiento Acelerado?

¿Cuál es el mal del siglo? ¿La depresión? No hay duda de que ésta afecta a un número asombroso de personas en la sociedad moderna. De acuerdo con la Organización Mundial de la Salud (OMS), tarde o temprano mil millones de personas desarrollarán este padecimiento, lo que corresponde a 20% de la población del planeta. Pero, como veremos, es probable que el Síndrome del Pensamiento Acelerado (SPA) alcance a más de 80% de los individuos de todas las edades, desde alumnos y profesores, intelectuales e iletrados, hasta médicos y pacientes.

Sin percibirlo, la sociedad moderna, consumista, rápida y estresante, alteró algo que debería ser inviolable: el ritmo de construcción de los pensamientos, lo que genera consecuencias muy serias para la salud emocional, el placer de vivir, el desarrollo de la inteligencia, la creatividad y la sustentabilidad de las relaciones sociales. Colectivamente estamos enfermos. Éste es un grito de alerta.

Recientemente, durante mis conferencias ante más de ocho mil educadores en dos congresos, uno brasileño y el otro internacional, apliqué un rápido test sobre los síntomas básicos del SPA.

Pedí a los participantes que fueran sinceros y apuntaran los síntomas que sentían, porque quien no es honesto consigo mismo, quien no tiene el valor de hacer un análisis de sí mismo, tiene una alta probabilidad de volverse intocable, de llevarse sus conflictos a la tumba. Antes, bromeé diciéndoles que sonrieran, pues el caso era para llorar... El resultado me dejó atónito, ya que casi todos se hallaban profundamente ansiosos y con síntomas psíquicos y psicosomáticos recurrentes de ese síndrome. Sonreían y se relajaban al darse cuenta de que no estaban solos. Eran víctimas de lo que considero el verdadero mal del siglo.

¿QUÉ HICIMOS CON LOS HIJOS DE LA HUMANIDAD?

Después de mi última conferencia antes de regresar a São Paulo, uno de los patrocinadores del evento, la propietaria de una gran escuela de enseñanza básica, media y universitaria, con miles de alumnos, me pidió con insistencia que visitara su institución.

Yo disponía de veinte minutos. Viendo su enorme interés, acepté su solicitud. Como no quería hacer una visita formal, sino una contribución, le pedí que escogiera algunos grupos, a los cuales les hablaría brevemente sobre ciertas funciones complejas de la inteligencia, sobre el Yo como administrador de la psique y sobre cómo el SPA afecta el desempeño global del intelecto. Los profesores y coordinadores se organizaron con rapidez y eligieron a los alumnos del tercer año de enseñanza media. Yo imparto clases de posgrado y para profesionistas de diversas áreas, y rara vez tengo la oportunidad de estar con personas tan jóvenes.

Comenté con ellos sobre las ventanas *killer* o traumáticas, sobre las cuales hablaré más adelante, que contienen los celos, la timidez, las fobias, la inseguridad y el sentimiento de incapacidad, y cuyo volumen de tensión puede bloquear otras ventanas, e impedir al Yo acceder a los datos y dar respuestas inteligentes en los exámenes escolares y en las pruebas de la vida. Les dije que, a lo largo de la historia, muchos genios fueron tratados como "deficientes mentales" por quienes nunca estudiaron la teoría de las ventanas de la memoria y las trampas de las zonas *killer* en la mente.

Al hablarle a esa audiencia sabía que, en todo el mundo, los jóvenes rara vez viven el sueño de Platón (el placer de aprender), de Paulo Freire (tener autonomía, opinión propia), de Jean-Paul Sartre (ser dueños de su propio destino), de Freud (tener un ego que viva con madurez el principio del placer), de Viktor Frankl (ir en busca del sentido existencial) y mi sueño (desarrollar un Yo maduro, capaz de proteger a la emoción, administrar los pensamientos y trabajar otras funciones complejas de la inteligencia para ser los autores de su propia historia).

Los profesores se quejan de que los alumnos están cada vez más agitados, ansiosos y alienados. Pero cualquier mente es como un cofre; no son impenetrables, se tienen las llaves equivocadas. Usé la llave correcta, toqué el territorio de la emoción de aquellos alumnos y los estimulé a viajar hacia dentro de sí mismos. Mientras hablaba, no se oía ni una mosca.

Después de mi breve exposición, les pregunté por los síntomas del SPA que quizás experimentaban. La gran mayoría levantó la mano y afirmó sentir dolores de cabeza y musculares. Fue sorprendente. Casi todos también asintieron cuando pregunté si despertaban cansados, si se sentían irritables e intolerantes ante las contrariedades, si sufrían con anticipación, si tenían déficit de concentración y de memoria.

La propietaria de la escuela, muy sensible, así como los profesores presentes, quedaron aterrados. No imaginaban que la calidad de vida de sus alumnos estuviera en el suelo. Muchos eran ricos, pero vivían como miserables en los rincones de su psique.

Por fin, hice la última pregunta. Esta vez fui yo quien se quedó con la voz embargada y lágrimas en los ojos. Indagué quién tenía algún tipo de trastorno del sueño y, de nuevo, muchos levantaron la mano. Esos jóvenes estaban en la plenitud de la vida, pero vivían atrincherados, peleando en el único lugar donde tenemos que hacer una tregua absoluta: la cama.

El sueño es vital para una mente equilibrada, productiva y saludable.

Me detuve, miré a los profesores y pregunté: "¿Qué estamos haciendo con los hijos de la humanidad?". No me contuve. Afirmé que a pesar de que ellos son los profesionistas más importantes de la sociedad, el sistema educativo clásico está enfermo, forma personas enfermas para una sociedad estresante, pues lleva a los alumnos, desde preescolar hasta posgrado, a conocer millones de datos sobre el mundo en que vivimos, pero casi nada sobre el mundo que somos, el planeta psíquico.

La educación clásica muy rara vez enseña a los estudiantes las herramientas básicas para que aprendan, desde la más tierna infancia, la habilidad de filtrar los estímulos estresantes, de proteger la emoción, administrar sus pensamientos, pensar antes de reaccionar, ser resiliente y, de esa manera, cimentar al Yo como administrador psíquico y aliviar, cuando menos un poco, los graves síntomas del spa. Muchas escuelas en las Américas, en Europa, en África y en Asia pueden formar profesionistas con maestría, pero tienen un déficit enorme en la formación de pensadores capaces de desarrollar mentes libres y emociones saludables.

Por desgracia, en todo el mundo los neurólogos, psiquiatras y psicopedagogos están haciendo diagnósticos equivocados. Al ver a un joven desconcertado, irritable, inquieto, con bajo umbral de frustración, lo diagnostican con hiperactividad o trastorno de déficit de atención (TDA), en vez de spa. Los síntomas son semejantes, pero las causas y el abordaje son distintos. Comentaremos ese asunto más adelante.

Un Yo maduro o inmaduro

Vivimos en la edad de piedra en relación con los papeles del Yo como administrador de la psique. ¿Con cuánta frecuencia cuidamos nuestra higiene corporal? ¿Cada cuándo tomamos un baño? ¿Cada 24 horas? ¿Y cada cuándo cuidamos nuestra higiene bucal? ¿Cada cuatro o seis horas? ¿Y la depuración mental? Por ejemplo, ¿cuánto tiempo tenemos para intervenir cuando nos invade un pensamiento perturbador, una idea autopunitiva, un estado fóbico? Como máximo, cinco segundos.

Usando la metáfora del teatro, nuestro Yo, que representa nuestra capacidad de elección, debe salir de la audiencia, entrar en el escenario de la mente y depurarla de modo rápido y silencioso, mientras se procesa la experiencia angustiante en el registro de la memoria. ¿Cómo? Impugnando, discordando, confrontando, como lo haría un abogado defensor en una sala de jurados para proteger al acusado. Pero nuestro Yo es demasiado lento. No está educado para proteger a la psique. Grita en el mundo exterior y se calla en el territorio psíquico. Por lo común, hace lo contrario de lo que debería.

La gran mayoría de las personas conduce un auto, pero no aprende a conducir sus propias emociones, reacciones y pensamientos. Vivimos en una sociedad superficial y estresante, que todos los días nos vende productos y servicios, pero no nos enseña a desarrollar un Yo "gerente", maduro, inteligente, consciente de sus papeles fundamentales. ¿Cómo está su Yo?

La cárcel psíquica está dirigida por enfermedades psicosomáticas: depresión, discriminación, violencia escolar, dificultad de transferencia del capital de las experiencias, Síndrome del Circuito Cerrado de la Memoria, spa, culto a las celebridades y a los estándares tiránicos de belleza. Tales prisiones evidencian la crisis de la administración del Yo.

Con frecuencia comento con mis alumnos de posgrado en psicoanálisis y psicología multifocal que una de las tareas más nobles y relevantes del Yo es analizar, escudriñar nuestros fantasmas y reeditar nuestras ventanas traumáticas. De otro modo, podemos formar parte de quienes hablan sobre madurez, pero son verdaderos niños en el territorio de la emoción, pues no saben recibir la mínima crítica ni ser contrariados, y además tienen una necesidad neurótica de poder y de que el mundo gravite en torno a su órbita.

Cierta vez, pregunté a los ejecutivos de las cincuenta empresas más saludables psicológicamente del país: "¿Quién tiene algún tipo de seguro?". Todos respondieron que lo tenían. Enseguida, indagué: "¿Quién tiene un seguro emocional?". Nadie se arriesgó a levantar la mano. Fueron sinceros. ¿Cómo podemos hablar de empresas saludables sin mencionar los mecanismos básicos para proteger la emoción? Sólo aseguramos aquello que nos es querido. Pero, por desgracia, la propiedad más importante tiene un valor irrelevante.

En general, esos profesionistas son excelentes para la empresa, pero verdugos de sí mismos. Aciertan en lo trivial, pero se equivocan mucho en lo esencial. ¿Y yo? ¿Y usted?

Aun cuando podamos decir que la mente humana es la más compleja de todas las "empresas", la única que no puede quebrar, por desgracia es la que va con mayor facilidad a la bancarrota por el descuido inadmisible con que la tratamos. No puede convertirse en tierra de nadie y ser vulnerable a todo estímulo estresante. ¿Su emoción tiene seguro?

2

¿Somos libres en nuestra mente?

La tesis de Sartre: condenados a ser libres

¿Somos libres para pensar? ¿Pensamos lo que queremos y cuando queremos? Espere, no se apresure a responder. Considere el pensamiento, lo que piensa y cómo piensa. Alguien puede cuestionar: "Soy libre en mi mente, mis pensamientos se someten a mi voluntad". ¿Será así?

El filósofo francés Jean-Paul Sartre defendió una de las tesis más inteligentes de la filosofía: el ser humano está condenado a ser libre. ¿Estaba en lo cierto o fue un ingenuo romántico al defender esa tesis? ¿Somos libres dentro de nosotros mismos?

Si miramos el comportamiento externo, no hay duda de que Sartre estaba en lo correcto. El cuerpo de un presidiario puede estar confinado detrás de las rejas, pero su mente es libre para pensar, fantasear, soñar e imaginar. Si su Yo no está entrenado para reflexionar sobre sus errores, el castigo no será pedagógico de ninguna forma. Por el contrario, los fenómenos que constituyen las cadenas de pensamiento harán una lectura multifocal de la memoria a lo largo de días, meses y años, construyendo imágenes mentales sobre fuga, túneles, acortamiento de la pena; en fin, todo para escapar de una cárcel más grave que la prisión física: la de la angustia, del tedio, de la ansiedad asfixiante. Quien construyó las prisiones a lo largo de la historia o estudió el proceso de construcción de pensamientos, no entendió que la mente jamás puede ser aprisionada.

¿Por qué caen los dictadores, por más brutales que sean y por más que intenten someter a su pueblo con mano de hierro? Porque nadie puede controlar el movimiento del Yo y sus ansias de libertad.

Un bebé querrá dejar los brazos de su madre para explorar el mundo. Un adolescente se arriesgará a hacer nuevos amigos, aunque sea tímido. Una persona con una fobia se alejará del objeto fóbico; en fin, irá al encuentro de su libertad. Desde ese ángulo, Sartre tenía toda la razón: el ser humano está condenado a ser libre.

Su tesis establece, incluso, los derechos y obligaciones civiles de los ciudadanos en las sociedades democráticas. En ellas, tenemos la libertad de expresar nuestros pensamientos, de ir y venir. Pero si por un lado ansiamos con desesperación ser libres, por otro, al observar con atención el proceso de construcción de pensamientos y las sofisticadas trampas que éste encierra, veremos que la tesis de Sartre es ingenua y romántica. Por desgracia, no somos libres como nos gustaría serlo en el ámbito del intelecto. Así, las peores cárceles, las más terribles prisiones, las más apretadas esposas pueden estar dentro de nosotros mismos. Veamos.

EL YO ES EL REHÉN DE UNA BASE DE DATOS

Construimos pensamientos a partir del cuerpo de información archivado en nuestra memoria. Todas las ideas, la creatividad y la imaginación nacen de la unión entre un estímulo y la lectura de la memoria, que opera en milésimas de segundo. El Yo no tiene consciencia de esa lectura y organización de datos a alta velocidad que ocurre tras los bastidores de la mente, sólo del producto final representado en el escenario, es decir, de los pensamientos ya elaborados.

Un cuadro, los personajes de una película o de un libro, por poco comunes que sean, fueron gestados con base en los elementos contenidos en la memoria de su autor. Y la memoria es un producto de nuestra carga genética, del útero materno, del ambiente social, del medio educacional y de las relaciones de nuestro Yo con la propia mente.

Los miles de experiencias que forman parte de nuestró banco de datos de la primera infancia, como rechazos, pérdidas, contrariedades, miedos, fueron producidos sin que pudiéramos controlarlos, filtrarlos, rechazarlos. Claro que hoy, como adultos, tomamos decisiones, adoptamos actitudes, pero nuestras elecciones están determinadas por la base de datos que ya tenemos y, por lo tanto, nuestra libertad no es tan plena como pensaba Sartre.

Un hombre, que tal vez sea el mayor educador de la historia, contemplaba esa limitación de manera clara y asombrosa. Cuando estaba muriendo en la cruz, hace más de dos mil años, dijo algo sorprendente: "¡Padre, perdónalos porque no saben lo que hacen!". Un análisis no religioso sino psicológico y sociológico, demuestra que la afirmación contiene un altruismo sin precedentes. Pero, al mismo tiempo, parece inaceptable su actitud de proteger a los verdugos.

Los soldados romanos sabían lo que hacían, cumplían la orden condenatoria de Pilatos. Sin embargo, para el maestro de maestros, los pensamientos que ellos construían eran, por un lado, fruto de la libre elección y, por otro, rehenes de la base de datos de su memoria, de la cultura tiránica del Imperio romano. Cumplían órdenes, no eran por completo autónomos ni dueños de su propio destino. Eran prisioneros de su pasado, "esclavos" de su cultura.

La cultura es fundamental para la identidad de un pueblo, pero si nos impide ponernos en el lugar del otro y pensar antes de reaccionar, se vuelve esclavizante. Para el maestro de Galilea, detrás de una persona que hiere siempre hay una persona herida. Eso no resolvía el problema de sus opositores, pero sí su problema. Él protegía su mente. Su Yo no cargaba con locuras y agresividades que no le pertenecían. Su tolerancia lo aliviaba, aun cuando el mundo se desmoronaba sobre él.

EL YO PUEDE SER DOMINADO POR EL FENÓMENO DEL AUTOFLUJO

No dejamos de ser libres sólo porque somos rehenes de nuestro pasado, de la "libertad circunscrita a una historia existencial". Aun dentro de esa base de datos, no tenemos plena libertad de elección, como pensaba Sartre.

Imagine que tenemos millones de "ladrillos" en nuestra memoria, que provienen de la carga genética, de la relación con los padres, hermanos, amigos, de las experiencias en la escuela, de la información de los libros, del proceso de introspección. No hay duda de que tenemos libertad de elección para utilizar esos ladrillos y construir emociones y pensamientos a voluntad del Yo, pensamientos que acusan, discursan, analizan, acogen, critican, aceptan, aman, odian.

A no ser que alguien tenga un brote psicótico o esté bajo el efecto intenso de una droga, o sea un niño incapaz de tener consciencia de sus actos, el ejercicio de escoger y utilizar los ladrillos de la memoria está preservado. Pero, a pesar de la libertad del Yo para acceder y utilizar información para construir cadenas de pensamientos bajo su responsabilidad, hay fenómenos inconscientes que construyen pensamientos y emociones sin su autorización. Si esos fenómenos en verdad existen, eso cambia en forma drástica nuestra comprensión sobre quiénes somos, el *Homo sapiens*.

¿Usted entraría en una aeronave a sabiendas de que hay un terrorista a bordo que podría someter al piloto y hacer caer el avión? Hice esa pregunta a una audiencia de médicos. Claro, todos dijeron que no. En seguida pregunté: "¿A quién le gusta sufrir, angustiarse?". Por fortuna, no había ningún masoquista presente. Y continué: "¿Quién sufre por anticipado?". Casi todos en el auditorio se manifestaron. Entonces expliqué que, si equiparamos a la mente humana con la más compleja aeronave, y al Yo con el piloto, su aeronave mental estaría en caída libre. Les dije: "Si su Yo no es masoquista, si nadie se daña ni procura lastimarse, ¿por qué, entonces, sufrir por anticipado? Si el Yo no produce esos pensamientos perturbadores, ¿quién? La conclusión es que hay un terrorista a bordo, hay un copiloto saboteando la aeronave mental".

¿Quién es ese copiloto? Yo lo llamo el autoflujo. Más adelante lo investigaremos con mayor detalle, pero antes afirmo que tal fenómeno inconsciente es de vital importancia para la psique humana, la creatividad y el placer de vivir, pero puede perder su función saludable y aterrorizarnos. Así, es el gran responsable de producir el Síndrome del Pensamiento Acelerado.

Al fin, los médicos comenzaron a entender que la tesis de Jean-Paul Sartre no se sustentaba. Nuestro Yo es libre para pensar, para organizar los datos de su memoria, pero, al mismo tiempo, hay fenómenos inconscientes, que hasta entonces no habían sido estudiados por otros teóricos, que producen pensamientos sin la autorización del propio Yo y que pueden sabotearlo, esclavizarlo o encarcelarlo.

No podemos hablar de que estamos condenados a ser libres. No estamos solos en la aeronave mental... Podemos y debemos ser educados para ser autores de nuestra historia, pero esa libertad se conquista y tiene sus límites. La historia de la humanidad, con sus innumerables injusticias y atrocidades, es un ejemplo claro de eso.

El fenómeno ram domina a la memoria y al Yo

El tercer elemento que cuestiona la tesis de Sartre está ligado a las limitaciones del Yo en cuanto al archivo de la memoria. En las computadoras, somos dioses, registramos lo que queremos y cuando queremos, pero en la memoria humana eso es imposible. El registro es automático e involuntario, producido por un fenómeno inconsciente llamado Registro Automático de la Memoria (ram).

No sólo será archivado lo que nuestro Yo desea, sino también lo que odia y desprecia. Todo aquello que más detestamos o rechazamos será registrado con mayor poder, y formará ventanas traumáticas, que denomino *killer*. Si usted no soporta a alguien, tenga la certeza de que él dormirá con usted y le arruinará el sueño. Por lo tanto, si el Yo, que representa la capacidad de elección, no tiene libertad para evitar el registro de nuestros pensamientos perturbadores y de los estímulos estresantes que nos invaden, ¿cómo podemos decir que el ser humano está condenado a ser libre?

Estudiar y comprender esos fenómenos inconscientes no sólo nos dejará atónitos, sino que también nos llevará a una nueva comprensión sobre las ciencias de la educación, la psicología, la psiquiatría, la sociología y las relaciones sociopolíticas.

El proceso de construcción de pensamientos y todas sus implicaciones psicológicas y sociológicas no fueron estudiados de manera sistemática por brillantes pensadores como Freud, Jung, Roger, Skinner, Piaget, Vygotsky, Freire, Nietzsche, Sartre, Hegel, Kant y Descartes, entre otros.

Los grandes teóricos de la psicología y de la filosofía usaron el pensamiento consumado para producir, con brillantez, conocimiento sobre el proceso de formación de la personalidad, el proceso de aprendizaje, la ética, las relaciones sociopolíticas, pero investigaron poco lo que puede ser considerado la última frontera de la ciencia: el propio pensamiento.

En el transcurso de más de tres décadas, estudié a profundidad esa área y desarrollé la Teoría de la Inteligencia Multifocal (TIM). Pasé día y noche, año tras año, analizando y escribiendo sobre la naturaleza, los tipos, los límites y el proceso de construcción de pensamientos.

Ese recorrido no ensalzó mi orgullo; por el contrario, me puso en contacto con mis debilidades y mi pequeñez, pues me hizo percibir, en más de veinte mil sesiones de psicoterapia y consultas psiquiátricas, que todos mis pacientes eran tan complejos como el más culto y racional de los seres humanos. Estudiar la dinámica, la construcción y el movimiento de los pensamientos me dejó por completo convencido de que cada paciente que traté, por más fragmentada que estuviera su personalidad, tenía la misma importancia que yo.

Tenemos la costumbre de clasificarnos en negros y blancos, ricos y pobres, celebridades y desconocidos, intelectuales e iletrados, reyes y súbditos, porque caminamos sobre la superficie del planeta psíquico, porque conocemos al máximo la antesala de los fenómenos que nos forman como *Homo sapiens*. Somos una especie enferma, que poco honró el arte de pensar.

El hecho de que el pensamiento, el más complejo de todos los fenómenos del intelecto, haya sido muy poco investigado trajo consecuencias gravísimas para el desarrollo de nuestra especie. Pensar el pensamiento de forma sistemática nos lleva a romper la cárcel de nuestras verdades y abre un universo de posibilidades para comprender quiénes somos. Y, también, para entender que editar la construcción del pensamiento muy frecuentemente lleva al mal del siglo (spa), a un desgaste cerebral sin precedentes.

El error de Einstein y otras consecuencias

Por no haber estudiado el proceso de construcción de pensamientos, sus tipos y su naturaleza, no desarrollamos herramientas para que el Yo sea un administrador psíquico, lo cual ha generado algunas paradojas angustiantes. Veamos. Estamos en el apogeo de la medicina y de la psiquiatría, pero nunca estuvimos tan enfermos.

Un estudio reciente del Instituto de Investigaciones Sociales de la Universidad de Michigan señala que, a lo largo de la vida, una de cada dos personas desarrolla un trastorno psiquiátrico, es decir, más de tres mil millones de personas. Estamos en el apogeo de la industria del ocio, pero nunca hubo una generación tan triste y depresiva como la nuestra. Vivimos en la era del conocimiento, de la democratización de la información, pero nunca produjimos tantos repetidores de información, en vez de pensadores.

Y las paradojas no terminan ahí. Por no haber investigado el fenómeno fundamental que nos convierte en seres pensantes, todavía experimentamos errores inconvenientes y gravísimos en la sustentabilidad de las relaciones humanas, incluso en la inclusión social. ¿Cuál es la diferencia entre una persona con un brote psicótico y un intelectual?

¿Existían diferencias entre el gran Einstein y el hijo al que internó en un manicomio y a quien nunca más visitó? Había algunas divergencias en la organización del pensamiento, en los parámetros de la realidad, en la profundidad de las ideas, en el formato del imaginario pero, tras los bastidores de la mente, ambos eran idénticos.

El hijo de Einstein podía construir pensamientos ilógicos e imágenes mentales desconectadas de la realidad, pero la actuación del Yo y de los fenómenos inconscientes que construían esos pensamientos e imágenes era exactamente la misma que Einstein usó para producir su sofisticada teoría de la relatividad. Localizar un verbo en medio de miles de opciones y utilizarlo en una cadena de pensamiento, aunque sea ilógica, equivale a tirar desde la Luna y acertarle a una mosca.

La lectura vertiginosa de la memoria y la utilización de los datos que provocaban los personajes bizarros y las ideas persecutorias del hijo de Einstein, reitero, no eran, ni de lejos, menos complejas que las de su padre. Sin embargo, el ambiente tétrico de un manicomio, las dificultades de lidiar sin parámetros lógicos con el raciocinio de su hijo y el sentimiento de impotencia de Einstein llevaron al hombre que más conoció las fuerzas del universo físico a ser asfixiado por las fuerzas de un universo más complejo, el psíquico.

Cuando estudiamos el proceso de construcción de pensamientos, tenemos la iluminación para entender que la locura y la racionalidad están más próximas una de la otra de lo que imaginamos. Por eso, una persona inteligente jamás discrimina o disminuye a los demás.

3

¿Quiénes somos?

Tesis fundamentales

Dado que voy a hablar sobre el Síndrome del Pensamiento Acelerado y a caracterizarlo como el gran mal de nuestro siglo, para dar más consistencia a los capítulos posteriores sobre las causas y los fenómenos que lo constituyen, siento la necesidad de explicar cómo llegué a ese descubrimiento. La construcción de pensamientos no es unifocal, sino multifocal, y no depende sólo de la voluntad consciente, esto es, del Yo, sino de fenómenos inconscientes. Sólo esa tesis ya es suficiente para demostrar que la mente humana es más compleja de lo que postulan el psicoanálisis, las teorías conductuales, cognitivas, existencialistas, sociológicas y psicolingüísticas. Somos tan complejos que, cuando no tenemos problemas, los creamos.

Por ejemplo, miles de personas en todas las sociedades modernas se exigen demasiado a sí mismas. Usan el pensamiento no para liberarse, sino para aprisionarse y castigarse cuando fallan o no responden a sus expectativas. Quien se exige en exceso puede ser ideal para la sociedad y para su empresa, pero con toda seguridad será su propio verdugo. ¿Usted lo es? De cara a eso, debemos hacernos una pregunta relevante. ¿Es nuestro Yo el único fenómeno responsable por ser autopunitivo? La respuesta es no. En realidad, por ser pasivo, es amordazado por otros fenómenos que leen la memoria y cierran el circuito de las ventanas.

Por no haber aprendido a conocer el funcionamiento de la mente y a tener autocontrol, el Yo acaba siendo asfixiado por mecanismos inconscientes que construyen pensamientos perturbadores y castigos sin su permiso. Si no estamos dotados en un sentido pedagógico para actuar como administradores de la psique, seremos como niños asombrados en una tierra de "monstruos".

Claro que eso no exime la responsabilidad de quien comete actos violentos contra otros. Si el Yo es consciente, si no perdió los parámetros de la realidad, es responsable de sus comportamientos y sus consecuencias, incluso cuando se vuelve un espectador pasivo de las debilidades psíquicas. Quien no sepa dar un toque de lucidez a su emoción y a sus pensamientos jamás podrá decir que es autor de su propia historia. Tal vez nunca seamos libres por completo en nuestra psique, pero hay diferencias en los niveles de aprisionamiento. Unos visitan esa "prisión" en momentos de estrés semanales; otros, en periodos diarios de tensión; algunos viven permanentemente en las prisiones.

Cierta vez, al dar una conferencia en el Supremo Tribunal Federal de Brasil, el guardián de los derechos y deberes de los ciudadanos y baluarte de la libertad, afirmé que nunca hubo, en las sociedades libres y democráticas, tantos esclavos en el único lugar donde es inadmisible ser un prisionero: en nuestra propia mente.

Parece increíble afirmar eso, pero el tiempo de la esclavitud no ha terminado, sólo cambió de dirección. Antes oprimía al cuerpo; hoy, oprime a la psique. Antes, había verdugos que castigaban a los encarcelados; hoy, nosotros mismos nos encarcelamos. Antes, la jornada de trabajo era inhumana, de doce o catorce horas diarias; hoy, debido al SPA, la jornada de trabajo mental es insoportable, nos convertimos en máquinas de pensar. No descansamos.

PENSAR ES UNA GRAN AVENTURA

La producción de la Teoría de la Inteligencia Multifocal (TIM) requirió décadas y más de tres mil páginas (aún continúo escribiéndola), en un país que poco incentiva la investigación teórica básica, en especial sobre la mente humana. Para realizarla, yo aprovechaba los intervalos entre las psicoterapias y consultas psiquiátricas, además de horas valiosas de los fines de semana, vacaciones, días feriados, noches y madrugadas.

Cuando nos involucramos en un proyecto para producir conocimiento teórico, el riesgo de no desarrollar algo consistente es grande, todavía más en un área intangible como la psicología. Pero quien vence sin riesgos, triunfa sin dignidad. Me consumía el deseo de contribuir —aunque fuera en forma mínima— a la humanidad. Hoy, después de tantos años y poniéndome como eterno aprendiz, me siento feliz de que ese conocimiento alcance a miles de lectores en muchos países. También me alegro por algunas universidades internacionales que ya ofrecen maestría y doctorado en la TIM.

Sin embargo, fue una tarea ardua. Todo comenzó hace mucho tiempo, y recuerdo algunos pasajes pintorescos. Conocí a mi esposa en la facultad de medicina. Yo cursaba el cuarto año; ella, el segundo. La llevé con mis escasos recursos a tomar una bebida. En la salida, una nota cayó de mi bolsillo. Ella, desconfiando que fuera un mensaje de otra chica, me preguntó de qué se trataba. La miré a los ojos y le dije que no era algo muy normal, pues soñaba con elaborar una nueva teoría sobre la inteligencia, y la nota era una de mis observaciones. Ella pensó que aquello era extraño, debió pensar que yo estaba delirando, con una fiebre pasajera, pues como futuro médico debería preocuparme por los órganos, dolencias, tratamientos, y no por el funcionamiento de la mente.

El tiempo pasó y mi fiebre no hizo más que empeorar. Diecisiete años después, ocurrió otro episodio interesante. Ya tenía a mis tres amadas hijas. Estaba atrasado para un compromiso social, pues estaba escribiendo un texto, y mi esposa tocaba el claxon del auto. Cuando llegué al vehículo, mi hija mayor, entonces de 11 años, hizo la pregunta letal: "Papá, ¿cuándo vas a terminar tu libro?". Yo no tenía la respuesta, y mi esposa, impaciente en aquel momento y con razón, respondió por mí: "Hija, cuando conocí a tu padre, me dijo que estaba escribiendo un libro sobre la mente humana. Nunca va a terminarlo, pues el día que lo haga, morirá...".

§

Es difícil hablar de mi propia producción de conocimiento, pero sin negar jamás mis grandes limitaciones, me gustaría decir que la Teoría de la Inteligencia Multifocal (TIM) tal vez haya sido la primera en detectar que la construcción de pensamientos es tan compleja que, además del Yo, hay otros tres fenómenos que construyen cadenas de pensamientos.

También es una de las pocas teorías que estudian la relación entre los pensamientos conscientes y la naturaleza del objeto pensado. El pensamiento consciente es de naturaleza virtual y, por lo tanto, no incorpora la realidad del objeto pensado. ¿Qué significa eso? Todo lo que un padre habla o discurre sobre un hijo, un psicólogo sobre un paciente o un profesor sobre un alumno jamás incorpora la realidad mental o psíquica de aquél sobre quien se habla. Es por eso que la TIM tal vez sea la primera teoría en demostrar que, debido a la naturaleza virtual de los pensamientos, hay un antiespacio en las relaciones interpersonales. A través de ese antiespacio, estamos próximos en el plano físico, pero distantes hasta el infinito en términos psíquicos unos de otros.

Esta soledad paradójica (próxima y dramáticamente distante), aunque sea inconsciente, mueve al Yo y al resto de los fenómenos para producir pensamientos en forma continua a fin de aproximar los mundos. Un padre o una madre pueden quedar perplejos o tristes al descubrir

que no logran comprender la realidad del dolor, de las ale-
grías, de los sueños y de las pesadillas de sus hijos, pero
ese distanciamiento genera una ansiedad vital que los lleva, sin remedio, a aproximarse a ellos, a construir puentes,
dialogar y tener recuerdos. En fin, a romper la cárcel de la
soledad producida por la virtualidad de los pensamientos.
Pienso que ése es uno de los fenómenos más complejos de
la psicología. El asunto merece un libro entero.

¿Por qué no dejamos de pensar, crear personajes, imaginar, producir una película ininterrumpida en nuestra
mente, ni siquiera en los sueños? No es sólo por la voluntad consciente de pensar, trabajar, construir respuestas; hay
algo más profundo —"más abajo", en la base de nuestra
psique— que la motivación inconsciente de comprender
la realidad de las personas, ambientes y objetos; esto es:
intentar superar la inimaginable soledad generada por la
consciencia. Por un lado, ese proceso pone en movimiento la construcción de pensamientos a través de la ansiedad
vital, convirtiéndonos en *Homo sapiens,* pero, por el otro,
trae graves consecuencias, pues gran parte de nuestros
pensamientos (diagnósticos, análisis, juicios e intervenciones) tienen poco que ver con el otro y mucho que ver con
nosotros. Es decir, nuestros pensamientos están distorsionados y contaminados por nuestra cultura y personalidad
(quién soy), por nuestra emoción (cómo estoy), por el ambiente social (dónde estoy) y por nuestra motivación (lo que
pretendo). No hay interpretaciones puras.

Las personas, por más imparciales que sean, contami-
nan la construcción de pensamientos aunque sea en forma

mínima. Es imposible que haya médicos, psiquiatras, psicólogos, magistrados, promotores de justicia, políticos, padres, profesores que sean por completo imparciales en el proceso interpretativo, pues el primer acto del teatro psíquico ocurre en milésimas de segundo y no a través de la actuación del Yo, sino de dos actores inconscientes: el detonador y las ventanas de la memoria, que serán estudiados más adelante. No obstante, existen intervenciones aceptables, que no perjudican en forma seria el raciocinio, mientras que hay otras interpretaciones distorsionadas drásticamente. Por eso, hay juicios políticos, basados menos en la ley y mucho más en las intenciones subyacentes y subliminales de quien juzga.

Los celos y la necesidad neurótica de controlar a la pareja, tan comunes en la juventud, son ejemplos de distorsiones del raciocinio en las relaciones interpersonales. Quien tiene celos, ya perdió: perdió su autoestima y su capacidad de pensar con claridad y tranquilidad. Un Yo líder y maduro no gravita en la órbita de los demás ni exige que ellos graviten en la suya. Vive en armonía. ¿Usted vive en armonía consigo mismo?

Muchos adultos critican, excluyen o disminuyen a los demás, con actitudes típicas de quien es superficial y autoritario. De acuerdo con la TIM, la virtualidad de los pensamientos demuestra que la verdad absoluta es siempre un objetivo intangible. Debemos ser sus eternos buscadores. Quien cree ser portador de la verdad está preparado para ser un dios, no un ser humano. Por desgracia, la humanidad está saturada de dioses.

El pensamiento y sus trampas

No pocos psiquiatras y psicólogos hacen diagnósticos cerrados y radicales por no haber estudiado las trampas que existen en el proceso de construcción de pensamientos. La industria relacionada con el diagnóstico puede ser un problema. El mismo diagnóstico que puede orientar las conductas del tratamiento puede controlar a un paciente, etiquetarlo, encarcelarlo. Un profesional de la salud mental debe saber que jamás tocará o sentirá al mínimo el dolor del pánico o de la depresión de un paciente. Si lo siente, será suyo, y no del otro, pues la comunicación interpersonal se da en la esfera de la virtualidad y no a través de la transferencia de la realidad esencial. Estamos aislados en nosotros mismos.

Muchos profesionales de esa muy noble y compleja área no entienden que conocemos al otro siempre a partir de nosotros mismos. Aprender a colocarnos lo menos posible en el proceso de interpretación y no criticar bajo nuestros prejuicios es fundamental para acercarnos a los demás, para entender su drama, aunque sea de manera virtual.

Los líderes espirituales, los políticos, juristas, médicos, cometen errores muy serios porque creen que el pensamiento es un instrumento de la verdad. Juzgan, deciden, condenan, orientan, sin saber que su naturaleza es virtual. Todos deberíamos ser educados para entender las contaminaciones (trampas) ligadas a la naturaleza del pensamiento.

Nuestros pensamientos jamás representan al otro en su plenitud. Pensar con humildad, rechazando nuestro autoritarismo, nuestro orgullo, nuestra necesidad neurótica de poder, es fundamental. Las guerras, los genocidios, los homicidios, la violencia, el *bullying* no sólo son producidos por factores sociales, sino también porque no estudiamos las estratagemas del más complejo de los fenómenos psíquicos: el pensamiento.

¿Cómo podemos probar que el pensamiento consciente es virtual, y no concreto? Simple. Si no fuera virtual, jamás podríamos pensar en el futuro, pues éste es inexistente; ni rememorar el pasado, pues no se puede volver a él. Respecto a la esfera de la virtualidad, nuestra especie dio un salto sin precedentes en la construcción de su imaginario, pero debemos tener en mente que el mismo fenómeno que nos liberó también puede producir graves prisiones, entre ellas el miedo, el odio y la dependencia.

Si los padres, educadores y empresarios no entrenan a su Yo para eliminar sus prejuicios y aprender a ponerse en el lugar de los demás, a fin de entenderlos tanto como sea posible, cometerán graves errores. Muchos son víctimas de la envidia, los celos, la rabia, el complejo de inferioridad, sin saber que tales sentimientos son distorsiones ligadas a la naturaleza y a la construcción de los pensamientos.

Además de todos esos fenómenos que he citado, la TIM estudia decenas de otras nuevas áreas de la psique, como el fenómeno RAM, la psicoadaptación, el autoflujo, el autoexamen o el detonador de la memoria, las ventanas de la memoria, los tres tipos de pensamientos (esencial, antidialéctico y dialéctico), el Yo como gerente de los pensamientos, el Yo como administrador de la emoción, el proceso de reedición de las ventanas *killer*.

Por haber estudiado en forma sistemática los fenómenos conscientes e inconscientes que construyen los pensamientos, la TIM es la primera teoría que detectó el Síndrome de Circuito Cerrado de la Memoria y el Síndrome del Pensamiento Acelerado.

Hasta aquí, contextualicé con brevedad el proceso de construcción de la teoría y de algunas de sus áreas de actuación. Creo que, de ahora en adelante, los capítulos serán más fáciles. Producir una teoría es una aventura bellísima, pero que tiene zonas estériles.

Quien se arriesga a transitar por aires nunca antes respirados o pensar fuera del espectro tiene grandes posibilidades de encontrar piedras en el camino. Sin embargo, nadie es digno de contribuir a la ciencia si no dedica dolores e insomnios en ese proceso. No hay cielo sin tempestad. Risas y lágrimas, éxitos y fracasos, aplausos y abucheos forman parte del currículo de cada ser humano, en especial de aquellos que se apasionan por producir nuevas ideas.

4
¡Deténgase, obsérvese y percíbase!

Las estadísticas nos denuncian

Para muchos, incluyendo médicos, abogados, periodistas, policías, profesores y empresarios, la mente es un verdadero depósito de pensamientos perturbadores. Las investigaciones revelan que 80% de los jóvenes del mundo presenta síntomas de timidez e inseguridad.

Si consideramos al Síndrome del Pensamiento Acelerado como un trastorno de ansiedad, será difícil encontrar a alguien que tenga una plena salud psíquica. La humanidad tomó el camino equivocado. ¡Nos estamos enfermando rápida y colectivamente!

¿Son frágiles las personas que tienen SPA? ¡De ningún modo! ¿Son inteligentes? ¡Por supuesto! Tienen habilidades como cualquier *Homo sapiens*, pero les falta la capacidad de proteger su emoción y administrar sus pensamientos.

¿Y es frágil quien tiene depresión y otros trastornos? ¡No! Sin duda los factores metabólicos, como el déficit de serotonina, pueden estar en la génesis de muchas enfermedades depresivas; aun así, y de manera independiente de esos factores, si el Yo estuviera dotado para conocer y deshacer las trampas de la mente, tendría más capacidad de proteger el territorio de la emoción y de ser el autor de su propia historia.

Este libro no sustituye a la psiquiatría o psicología clínicas, pero se complementa por ser un programa de psicología socioeducativa de desarrollo de habilidades psíquicas.

¿SPA O HIPERACTIVIDAD?

Como dije, muchos neurólogos, psiquiatras, psicólogos y psicopedagogos, al observar a niños y adolescentes agitados, inquietos, con dificultad para concentrarse y rebeldes a las normas sociales, llegan a diagnósticos errados, atribuyendo tales comportamientos al trastorno por déficit de atención e hiperactividad (TDAH), cuando la gran mayoría de esos pacientes es víctima del Síndrome del Pensamiento Acelerado (SPA). Por no haber tenido la oportunidad de investigar el proceso de construcción de pensamientos, los profesionales no saben que, si sobreexcitamos a los "ingenieros" inconscientes que construyen los pensamientos sin la autorización del Yo, desarrollamos el SPA con facilidad.

Ese síndrome perturbador produce algunos síntomas semejantes a los de la hiperactividad, pero sus causas son diferentes. En la hiperactividad con frecuencia hay un fondo genético: uno de los padres es hiperactivo. Además, la agitación y la inquietud de una persona hiperactiva se manifiestan ya en la primera infancia, mientras que en el SPA la inquietud se construye poco a poco, a lo largo de los años. Entre las causas del SPA están el exceso de estimulación, de juegos, de actividades, de información.

El tratamiento también es diferente en algunos aspectos. En el SPA no existe una alteración metabólica; la falla es funcional y social, está ligada al proceso de formación de la personalidad y al funcionamiento de la mente y, por lo tanto, debe ser corregida con varias técnicas. Desacelerar al niño con SPA es fundamental. Puede ser muy útil alentarlo, por ejemplo, a desarrollar actividades más lentas y lúdicas, como escuchar música tranquila (música clásica), tocar instrumentos, pintar, practicar deportes, hacer teatro. Los niños y adolescentes hiperactivos también pueden y deben aprender esas prácticas. Prescribir Ritalin y otras drogas en forma indiscriminada a quien padece SPA puede ser un error grave.

Tanto los jóvenes hiperactivos como quienes tienen SPA, si no aprenden técnicas para administrar sus pensamientos y proteger su emoción, podrán repetir errores, desacelerar su madurez, volverse irritables, con un bajo umbral de la frustración y baja capacidad para adaptarse a las contrariedades, sufrir de insatisfacción crónica, además de ver afectado su rendimiento intelectual. Pero lo que más me preocupa del SPA, así como de la hiperactividad, es la retracción de dos funciones vitales para el éxito social, profesional y afectivo: pensar antes de actuar y ponerse en el lugar del otro (empatía). Desarrollarlas es fundamental y debería ser la meta de todas las escuelas en todos los países. Quien se preocupa por su calidad de vida y por la salud emocional de sus hijos y alumnos debe estudiar a detalle el SPA.

Nosotros, los adultos, aun sin tener consciencia de ello, estamos cometiendo un crimen contra la salud emocional de los pequeños. Publico mis libros en más de sesenta países no en busca de la fama, que es efímera y superficial, sino para alertar a la comunidad científica y a la población en general de que en esta sociedad *fast-food*, en la cual todo es rápido e inmediato, alteramos de manera peligrosa el ritmo de construcción de pensamientos. ¿Cómo marcha su ritmo?

El SPA dificulta el proceso de elaboración de la información como conocimiento, del conocimiento como experiencia y de la experiencia como función compleja de la inteligencia; es decir, pensar en las consecuencias; exponer las ideas, sin imponerlas, ponerse en el lugar de los demás, proteger la emoción y, de manera fundamental, administrar los pensamientos.

Algunos jóvenes sólo consiguen percibir algo equivocado en su vida cuando se convierten en adultos frágiles, dependientes, ansiosos, cuyos sueños fueron enterrados en los callejones de la historia. Algunos padres sólo logran notar la crisis familiar después de que sus relaciones con sus hijos están rotas, sin respeto, afecto y amor. Algunas parejas sólo perciben que su relación ha fallado después de que viven el infierno de los conflictos. Algunos profesionistas sólo consiguen darse cuenta de que no son productivos, proactivos, creativos, después de que perdieron el encanto por su trabajo, cuando están en el fango de la frustración.

Observe que un simple ruido en el coche nos perturba y nos hace ir al mecánico. Sin embargo, muchas veces, nuestro cuerpo grita a través de la fatiga excesiva, el insomnio, la compulsión, la tristeza, los dolores musculares, los dolores de cabeza y otros síntomas psicosomáticos y, aun así, no buscamos ayuda. ¿Usted escucha la voz inaudible de su cuerpo y de su mente? ¿O sólo escucha lo audible? Algunos sólo escuchan la voz de sus síntomas cuando están en un hospital, infartados, casi muertos. Sea inteligente, respete su vida. ¡Deténgase! ¡Piense! ¡Obsérvese! ¡Percíbase! Ningún psiquiatra o psicólogo puede hacerlo por usted.

LA VIDA ES BELLA Y BREVE COMO EL ROCÍO

Vivimos la vida como si fuera interminable. Pero entre la niñez y la vejez hay un pequeño intervalo de tiempo. Contemple su historia: ¿parece que usted se quedó dormido y despertó a esta edad? Para las personas superficiales, la rapidez de la vida las estimula a vivir en forma destructiva, sin pensar en las consecuencias de su comportamiento. Para los sabios, la brevedad de la vida los invita a apreciarla como un diamante de inestimable valor.

Ser sabio no significa ser perfecto, no fallar, no llorar y no tener momentos de fragilidad. Ser sabio es aprender a vivir cada dolor como una oportunidad para comprender lecciones; a experimentar cada error como una ocasión para corregir caminos; a percibir cada fracaso como una oportunidad para volver a comenzar. En las victorias, los sabios son amantes de la alegría; en las derrotas, son amigos de la interiorización. ¿Usted es sabio? ¿Mira al interior de sí mismo? Es probable que la gran mayoría de nosotros conozca al máximo la antesala de su propia personalidad.

Una de las mayores complejidades de la psicología es entender que la construcción de pensamientos es multifocal y no unifocal. Como vimos, de acuerdo con la Teoría de la Inteligencia Multifocal, eso significa que construimos pensamientos no sólo de manera consciente, por decisión del Yo, sino también por medio de otros tres fenómenos inconscientes: el detonador de la memoria (autoexamen), el autoflujo y las ventanas de la memoria.

Cuando conducimos un vehículo, todos tenemos control del acelerador, de la dirección, del freno y de otros dispositivos. Imagine que quisiéramos seguir una trayectoria, pero nuestro coche sigue otra; que deseáramos virar hacia la izquierda, y el coche girara a la derecha. Ese fenómeno, que parece asombroso, ocurre de manera constante con el vehículo de la mente humana.

Nuestro Yo no tiene pleno control de los instrumentos que construyen miles de pensamientos diarios. Por eso, unas veces es el protagonista, algunas es un mero espectador; en ocasiones construye ideas bellísimas, otras es víctima de pensamientos angustiantes que no elaboró. Esa danza intelectual entre ser director y espectador, conductor y pasajero, gerente y cliente, acompaña toda nuestra historia. Es por eso que afirmé que drama y comedia, risas y lágrimas, reacciones lúcidas y actitudes estúpidas forman parte de nuestro currículo.

Si volviéramos a la metáfora del teatro para entender la mente humana, el Yo es, o debería ser, el actor principal del teatro psíquico, y los tres fenómenos inconscientes que también construyen pensamientos deberían trabajar para que el Yo brille, pero tales actores coadyuvantes intentan robarse la escena. El mayor desafío del Yo es dejar de ser un espectador tímido y asumir en el escenario su papel fundamental como administrador de la mente. Necesitamos enfrentar el mal del siglo.

5
El detonador
de la memoria

LA ANSIEDAD VITAL

Los fenómenos que construyen cadenas de pensamientos están en movimiento continuo e inevitable, en un flujo ininterrumpido, en un estado de ansiedad vital. La ansiedad vital, generada por la soledad de la consciencia virtual, es saludable, pues estimula todo el proceso de construcción de la psique, sean pensamientos, ideas, personajes, ambientes, deseos o aspiraciones.

La ansiedad vital se vuelve enfermiza cuando va en contra del placer de vivir, la creatividad, la generosidad, la afectividad, la capacidad de pensar antes de reaccionar, la habilidad de reinventarse, el raciocinio multifocal, entre otros. Uno de los mecanismos psíquicos que más transforman la ansiedad vital en una ansiedad asfixiante es la hiperconstrucción de pensamientos. Quien tiene una mente agitada, quien es una máquina de informarse y de pensar, sobrepasa los límites saludables de movimiento psíquico y desarrollará el Síndrome del Pensamiento Acelerado. El SPA es como una película editada en altísima velocidad. Sólo se aprecian los primeros segundos; pero después una sensación de incomodidad, invade al espectador.

De acuerdo con la TIM, la ansiedad vital es un testimonio claro de que pensar no sólo es una opción del *Homo sapiens*, sino que es inevitable. Si el Yo no construye cadenas de pensamientos en una dirección lógica y coherente, los fenómenos inconscientes las producirán. La ansiedad vital estimula una danza de fenómenos tras los bastidores de nuestra mente, incluso cuando dormimos. Los sueños representan un reflejo de ese fascinante movimiento constructivo.

Detonador o fenómeno de autoexamen

El detonador de la memoria es el primer fenómeno que se presenta en la danza de los fenómenos inconscientes que construyen pensamientos. Se acciona cuando entramos en contacto con estímulos extrapsíquicos (luz, sonidos, estímulos táctiles, gustativos, olfativos) o intrapsíquicos (imágenes mentales, pensamientos, fantasías, deseos, emociones) e incluso con determinados estímulos orgánicos (sustancias metabólicas, déficit de neurotransmisores, drogas psicoactivas).

El detonador actúa en milésimas de segundo, sin que nuestro Yo tenga consciencia de que está operando. Éste abre las ventanas de la memoria, con lo que se activa la interpretación inmediata y la consciencia instantánea. El lector sabe en ese preciso momento quién es, dónde está, lo que está haciendo, su posición espacio-temporal, no a causa de la acción consciente y programada de su Yo, sino porque el detonador de la memoria está anclado en centenares de ventanas que sustentan esa percepción instantánea. ¿No lo sorprende ese proceso?

En una clase o conferencia de una hora, es posible que el detonador de la memoria sea activado miles de veces para abrir miles de ventanas a la comprensión inmediata de cada verbo, sustantivo, adjetivo, pronombre. Todos los días vemos millones de imágenes que son interpretadas con rapidez por la activación del detonador de la memoria y consecuentemente esto abre las ventanas. Por eso, ese fenómeno se conoce también como autoexamen de la memoria.

Por lo tanto, las primeras impresiones e interpretaciones de los miles de estímulos que percibimos, aunque se vuelvan conscientes, son respaldadas por fenómenos inconscientes. La acción de estos últimos ocurre en el primer acto del teatro mental. Comprendemos las palabras escritas o habladas no por la acción consciente, programada y directiva del Yo, sino por la relación del detonador con las ventanas de la memoria.

Si dependiera del Yo encontrar cada ventana a partir de los estímulos con los que tenemos contacto, no tendríamos una respuesta inicial tan rápida, no seríamos la especie pensante que somos. La acción del detonador de la memoria es fenomenal. Verifica los estímulos en millones de datos en la base de la memoria con una rapidez sorprendente. Usted acaba de leer mis palabras casi a la velocidad de la luz, a través de esa acción, de ese extraordinario fenómeno. Sin él, el Yo estaría confundido y no identificaría lenguajes, sonidos e imágenes de los más diversos ambientes. No sería un lector.

El detonador de la memoria y sus prisiones

Sin la relación del detonador con las ventanas de la memoria, reitero, no seríamos una especie pensante. Sin embargo, con ese pacto, podemos también ser una especie prisionera. Todas las fobias, como la fobia social, la claustrofobia, la acrofobia (miedo a las alturas), se derivan de él. Las obsesiones y la dependencia a las drogas también tienen como protagonista al detonador, que abre de inmediato ventanas *killer.*

Si, por un lado, el detonador de la memoria es un gran auxiliar del Yo, por el otro puede ser un gran verdugo. Por abrir ventanas enfermizas, puede llevar a actos fallidos o a interpretaciones distorsionadas, asfixiantes, superficiales o prejuiciosas.

Quien tiene claustrofobia, aunque no conozca el pacto entre el detonador y las ventanas *killer* de la memoria, sabe cuán cruel es ese miedo, aunque, sin duda, pueda ser superado. Las herramientas que se expondrán aquí ofrecen una contribución al proceso psicoterapéutico.

Cuando alguien que padece claustrofobia entra en un elevador, una opresión en el pecho, un movimiento del aparato o una sensación de falta de aire hacen que el detonador abra de inmediato ventanas *killer* que interpretan que el elevador se detendrá y él podría morir. El volumen de tensión derivado de esa ventana bloquea el acceso a miles de datos y genera el Síndrome de Circuito Cerrado de la Memoria (SCCM). El Yo, por lo tanto, cae en una trampa psíquica para la cual no se programó, lo que obstruye su lucidez y su coherencia.

Tuve el privilegio de descubrir ese síndrome y el sinsabor de saber que está en la base de fobias, farmacodependencias, obsesiones, depresión, homicidios, suicidios, guerras, genocidios, exclusión social y hasta del bajo rendimiento intelectual.

Cierta vez, a un alumno brillante le fue mal en un examen. Había estudiado, sabía la materia, pero estaba tenso, y al no poder recordar la información, obtuvo un pésimo resultado. El profesor lo criticó, él quedó extenuado y registró esa frustración. Estudió todavía más para el examen siguiente. Cuando llegó el día, el detonador de la memoria entró en escena y abrió la ventana *killer* que contenía el archivo del miedo a fallar.

¿El resultado? Fue víctima del Síndrome de Circuito Cerrado de la Memoria. No pudo abrir el resto de los archivos que contenían la información que había estudiado. Experimentó una ansiedad intensa y tuvo un pésimo rendimiento intelectual. Cada vez que iba a hacer un examen, el pacto entre el detonador de la memoria y las ventanas *killer* era un drama. Acabó inactivo después de años de pésimo desempeño en los exámenes. Un acto grave contra su inteligencia. Muchos genios son tratados como deficientes mentales a causa de esos perniciosos mecanismos.

Hay profesores y psicopedagogos en casi todo el mundo que prácticamente desconocen el pacto entre el detonador y las ventanas de la memoria, por lo que no logran ayudar a sus alumnos. En ese caso en particular, el joven sólo consiguió superarse, estructurar su autoestima, brillar en su inteligencia y en el desempeño en los exámenes cuando aprendió a recuperar el liderazgo del Yo. En fin, cuando aprendió a administrar los pensamientos y a proteger su emoción.

La educación clásica

La ironía del destino es que no es inevitable, sino una cuestión de elección. Cuando el Yo cree en esa tesis y decide tomar las riendas del destino en sus manos, su personalidad ya está estructurada y la "ciudad de la memoria" tiene sus núcleos de habitación bien definidos. Desmontarlos, reurbanizarlos, reorganizarlos es una tarea posible, aunque compleja. Imagine la dificultad de reformar una casa para entender la complejidad de reescribir nuestra memoria. Quien haya remodelado su residencia sabe el trabajo que cuesta.

Quien se ha sometido a un tratamiento psiquiátrico o psicoterapéutico sabe que superar conflictos no es un proceso rápido como una cirugía. Pero, claro, no estamos de manos atadas, podemos transformar y reeditar las ventanas traumáticas, una tarea que exige técnicas para que el Yo se erija como el autor de su propia historia, lo que a su vez demanda una nueva agenda, fundamentada en metas y prioridades a mediano y largo plazo.

Por ejemplo, piense en una persona víctima de fobia social, que tiene un marcado miedo a hablar en público. Cierto día, decide cambiar las cosas y debatir sus ideas sin temor. Su comportamiento, por más heroico que sea, es correcto, pero, si fuera aislado, formará sólo ventanas solitarias, y no núcleos de habitación del Yo, o una plataforma de ventanas *light*.

Días después, cuando enfrenta a un nuevo auditorio, en fin, cuando atraviesa un nuevo núcleo de tensión, el fenómeno del detonador tendrá una gran posibilidad de no encontrar, en medio de decenas de miles de ventanas, aquella que promovió su aislada osadía. Pero tendrá una gran posibilidad de hallar las innumerables ventanas *killer* que provocaban su inseguridad, su miedo a fallar, la preocupación excesiva por su imagen social. Tales ventanas podrán cerrar el circuito de la memoria, aprisionar y silenciar al Yo. Reproduciendo así su fobia social. Para superarla, todos los días debe criticar y reutilizar sus miedos y sus preocupaciones. Así formará un núcleo saludable de habitación del Yo para ser protagonista de su historia.

6

Las ventanas
de la memoria:

el almacén de información

Definición

Las ventanas de la memoria son áreas de lectura de la memoria en un determinado momento existencial. Son archivos en los que el Yo, el detonador y el autoflujo se anclan para leer, utilizar la información y construir el más increíble de los fenómenos: el pensamiento.

En las computadoras, tenemos acceso a todos los campos de la memoria digital; en la memoria humana, tenemos acceso a áreas específicas, que llamo ventanas. Una ventana es como si fuera una residencia. Cada residencia tiene características básicas que la definen, como arquitectura, espacio, cuadros, ropa, electrodomésticos. Del mismo modo, las ventanas de la memoria tienen centenas o millares de informaciones que las caracterizan.

Desplazamiento de la personalidad

En el libro *Trampas de la mente*, comenté que la intencionalidad no cambia la personalidad. Es probable que todos nosotros, tarde o temprano, hayamos intentado cambiar alguna característica enfermiza de personalidad y fallado. Incluso los psicópatas intentan rehacerse en algún momento, pero fracasan. Existe un consenso en la psicología de que la personalidad no cambia. En realidad, ese consenso, que algunos consideran una tesis, no tiene fundamento, no se sustenta. La personalidad no es rígida, no es lineal; está en proceso de cambio, aunque sea en forma de microtransformaciones. La personalidad se desplaza o se transforma cuando se cambia la base de las ventanas de la memoria y cuando el Yo es capaz de ser líder de sí mismo.

Los ataques de pánico, por ejemplo, tienen gran oportunidad de desviar la formación de la personalidad, porque forman ventanas *killer* poderosas, aprisionadoras, capaces de constituir un núcleo que secuestra al Yo. La persona que experimentó un síndrome de pánico (ataques repetidos por lo menos una vez por semana), nunca más será la misma. Podrá volverse un ser humano mucho mejor, más mesurado, sereno, altruista, después de superar el síndrome, pero los cambios estructurales de la personalidad indican que emergerá del proceso siendo diferente. Una persona que pasó por una guerra y vivió esas atrocidades saldrá con transformaciones importantes en su personalidad.

LA INTENCIONALIDAD DEL YO NO CAMBIA LA PERSONALIDAD

Si la persona es mutable, ¿por qué, entonces, no es fácil cambiar características enfermizas como el mal humor, la impulsividad, la baja tolerancia a las frustraciones o la timidez? Porque la intención o el deseo de cambiar produce una ventana solitaria y, además, con frecuencia "pobre", con pocos recursos.

Una característica de la personalidad necesita un núcleo de habitación del Yo, una plataforma de ventanas, un "barrio" completo en la ciudad de la memoria para tener sustentabilidad, en fin, para ser encontrada de forma espontánea por los fenómenos inconscientes, como el detonador de la memoria.

Una persona es tímida o atrevida no porque su Yo lo determine, sino porque hay miles y miles de ventanas esparcidas en los campos de su memoria. Del mismo modo, el impulsivo tiene inmensas plataformas de ventanas en su corteza cerebral que son encontradas con facilidad y lo llevan a reaccionar de modo definido.

DROGADICCIÓN

Quien depende de las drogas no se vuelve un prisionero por la droga química en sí, sino por el archivo de las experiencias que tiene con ella. Con el paso del tiempo, el problema ya no es la sustancia psicoactiva, sino la prisión construida dentro del Yo, suscitada por las innumerables ventanas *killer* propagadas por su memoria.

Las personas dependientes recaen con facilidad porque, aunque hayan tenido éxito en un tratamiento, en realidad sólo editaron una parte de las ventanas traumáticas que contienen la representación de la droga. Otras ventanas enfermizas permanecen "vivas", capaces de ser encontradas durante un momento de tensión y de promover una nueva compulsión.

Existe un concepto falso de que alguien que consume drogas o alcohol será dependiente toda la vida; ésa es, incluso, una de las propuestas de los Alcohólicos Anónimos (AA) y de muchos psiquiatras. En teoría, sí es posible dejar de ser dependiente. Para eso, es preciso reeditar todas las ventanas traumáticas o *killer*, lo que es una tarea difícil, porque no suelen aparecer durante el tratamiento.

Aunque el concepto sea falso (de que el dependiente será siempre dependiente), es útil para que el Yo viva siempre en estado de alerta, pues en una crisis, pérdida o frustración, el detonador de la memoria podrá encontrar las ventanas enfermizas que todavía no hayan sido reeditadas. Y, en ese caso, si el Yo no protege la emoción ni administra sus pensamientos, podrá recaer y autodestruirse de nuevo. Si el Yo fuera concientizado sobre las trampas de la mente, y capacitado para dirigirla, podría, en vez de castigarse y autodestruirse, usar la recaída para darse una nueva oportunidad a sí mismo, ser más seguro y reescribir las ventanas que lo enredaron.

El sueño es construir barrios en la memoria

Usando la metáfora de la ciudad, son los barrios, y no las residencias solitarias, los que definen y representan las características de la personalidad. La mayoría de los seres humanos se lleva a la tumba las características de su psique que más detestaba, porque no construye una agenda para "reurbanizar" los barrios de su memoria que contienen una cloaca abierta, plazas mal iluminadas, calles llenas de agujeros, casas en ruinas.

Esas personas no saben que, a pesar del deseo efectivo de cambio, están produciendo ventanas solitarias, las cuales son inaccesibles cuando atraviesan un núcleo de tensión. Ni el Yo ni, mucho menos, el fenómeno del detonador de la memoria las encuentran; por lo tanto, no logran dar sustentabilidad a los cambios que desean.

Tales personas viven prometiéndose a sí mismas, y a todos los demás, que van a cambiar, que serán más pacientes, seguras, proactivas, generosas, afectivas, autocontroladas. Algunas lloran y entran en desesperación, pero continúan siendo las mismas. No entienden que la madurez psíquica no exige que seamos héroes, sino seres humanos con una humildad inteligente, capaces de reconocer nuestra pequeñez e inmadurez, y construir una nueva estrategia, una plataforma de ventanas saludables, un nuevo "barrio" en nuestra memoria. El heroísmo debe ser enterrado.

Como estudiaremos, el gran desafío del ser humano es abrir el máximo de ventanas en un determinado momento existencial para razonar con maestría. Por desgracia, sin embargo, si encontramos ventanas traumáticas, podemos experimentar el Síndrome de Circuito Cerrado de la Memoria e impedir el acceso del Yo a millones de datos. Ese síndrome nos hace reaccionar por instinto, como animales irracionales y, de ese modo, a ser víctimas de ataques de rabia, celos, fobias, compulsión, necesidad neurótica de poder, de control de los demás, de perfección. ¿Qué estrategia usa usted para ser el autor de su historia?

7

Tipos de ventanas de la memoria

Ventanas neutras

Corresponden a más de 90% de todas las áreas de la memoria. Contienen millones de informaciones "neutras", en teoría, sin contenido emocional, tales como números, direcciones, teléfonos, información escolar, datos comunes, conocimientos profesionales.

Todas las informaciones existenciales registradas en la corteza cerebral, desde la aurora de la vida fetal hasta el último aliento, están en esas ventanas. Debemos entonces hacer una pregunta: ¿esas informaciones acumuladas son borradas o sustituidas en forma espontánea con el tiempo?

Es difícil decir si son sustituidas o quedan inaccesibles. Como el fenómeno de Registro Automático de la Memoria (RAM) archiva miles de informaciones por día, millones por año, es factible que una parte sea necesariamente sustituida. El "pasado" es reorganizado por el "presente", el "fui" por el "soy". Pero es muy probable que millones de datos del pasado, organizados en forma electrónica en las células de la corteza cerebral, queden archivados no en el centro consciente, que llamo Memoria de Uso Continuo (MUC), sino en la inmensa periferia de la memoria, que llamo Memoria Existencial (ME).

Digo esto con seguridad porque, cuando una persona atraviesa por una degeneración cerebral, como el mal de Alzheimer, áreas importantes de la MUC se desorganizan o se borran. Y, mientras ocurre ese accidente intelectual, se libera el acceso a informaciones antes "casi" inaccesibles, como las de la primera infancia, lo que lleva al paciente a tener recuerdos y actitudes inherentes a ese periodo.

Ventanas killer

Corresponden a todas las áreas de la memoria que tienen contenido emocional angustiante, fóbico, tenso, depresivo o compulsivo. Son las ventanas traumáticas o zonas de conflicto. *Killer*, en inglés, significa "asesino". Así, como el propio nombre lo dice, son ventanas que asesinan no al cuerpo, sino al acceso a la lectura de otras innumerables ventanas de la memoria, con lo que se dificultan o bloquean respuestas inteligentes en situaciones estresantes.

Cuando el detonador encuentra esas ventanas —una ventana fóbica, por ejemplo—, por más absurdo que sea el objeto fóbico (un colibrí o una mariposa), el volumen de tensión es tan grande que bloquea el acceso a miles de ventanas, y hace que el Yo sea prisionero dentro de sí mismo, incapaz de dar una respuesta lógica. Por eso, incluso los intelectuales que están bajo un ataque de pánico u otra fobia, son irreconocibles, tienen una reacción desproporcionada, incoherente e ilógica.

Las ventanas *killer* son ventanas que controlan, amordazan, asfixian el liderazgo del Yo. Hay varios subtipos de ventanas *killer*, como las ventanas del mal humor, los celos, la rabia, el pesimismo, la impulsividad, la alienación, las fobias, el exceso de autoconfianza y la dependencia.

Algunas ventanas no sólo son traumáticas, son estructurales o "doble P" y secuestran al Yo del sujeto. Doble P quiere decir doble poder: poder de encarcelar al Yo y poder de expandir la propia ventana o la zona de conflicto: en otras palabras, poder de enfermar al ser humano. Las ventanas *killer* doble P son construidas a partir de estímulos en extremo estresantes, como la traición, la humillación pública, los ataques de pánico, la carencia financiera.

Debemos analizarnos y preguntarnos cuáles son las ventanas *killer* más importantes que nos roban la tranquilidad, el placer de vivir, la salud emocional, la creatividad y el autocontrol. Es necesario que hagamos incursiones, con valentía, en nuestra psique e indagar si tenemos ventanas *killer* doble P que amordazan a nuestro Yo y asfixian nuestras habilidades emocionales e intelectuales. Debemos saber que no es posible borrar las ventanas *killer*, pero es posible reescribirlas.

Ventanas light

Corresponden a todas las áreas de lectura que contienen placer, serenidad, tranquilidad, generosidad, flexibilidad, sensibilidad, coherencia, ponderación, apoyo, ejemplos saludables. Las ventanas *light*, como lo dice su significado en inglés (luz, encender), "iluminan" al Yo para el desarrollo de las funciones más complejas de la inteligencia: la capacidad de pensar antes de reaccionar, ponerse en el lugar del otro, la resiliencia, la creatividad, el raciocinio complejo, el ánimo, la determinación, la habilidad de comenzar de nuevo, de proteger la emoción, de administrar los pensamientos.

EL YO ENTRA EN ESCENA CUANDO EL "CIRCO" ESTÁ ARMADO

Voy a comentar algo muy serio sobre por qué somos una especie que se enferma con facilidad en su psique y mancha su historia. El fenómeno RAM archiva todas las experiencias que vivimos, sean placenteras o angustiantes. Forma y rellena las ventanas de la memoria que serán la base de sustentación y formación del Yo que, como vimos, representa nuestra consciencia crítica y nuestra capacidad de elección.

Cuando el Yo está relativamente maduro, al final de la adolescencia y, por lo tanto, tiene la capacidad relativa de filtrar estímulos estresantes y de escribir su historia, ya es rehén de su pasado, de miles de ventanas con millones de experiencias. Y nada de eso puede ser borrado, sólo reeditado, lo que indica la dantesca dificultad de cambiar la base de lo que somos. En fin, cuando el Yo adulto tiene consciencia crítica como ser único, la "ciudad de la memoria" está bien organizada, con núcleos que dan sustentabilidad a las principales características básicas de la personalidad, como la timidez, la osadía, la sensibilidad, la impulsividad, la fluctuación emocional, el humor, la determinación, la inseguridad, el razonamiento esquemático. Sin una educación profunda, el Yo en plenitud cede su libertad, ¡vivirá en una prisión! Piense en la timidez, que afecta a casi 80% de los jóvenes. El Yo puede transformarla, pero es un proceso más difícil que la más delicada cirugía física.

Por eso consideramos que el Yo puede y debe aprender, desde la más tierna infancia, las herramientas para autocontrolarse. Es decir, a medida que se forma, debe convertirse también en un formador: conforme es educado, debe volverse también en un educador de la emoción y un administrador de los pensamientos.

La educación clásica enseña a los alumnos, desde preescolar al posgrado, millones de datos sobre el mundo en que vivimos, desde el inmenso espacio hasta el átomo, pero no enseña casi nada sobre el planeta psíquico, sobre los fenómenos que nos convierten en seres pensantes.

Es por eso que dicha educación, que antes preparaba para la vida, hoy —en esta sociedad hipercompetitiva y saturada de información— forma, con las debidas excepciones, niños con diplomas en las manos, sin protección emocional, sin habilidades para lidiar con pérdidas y frustraciones, sin la capacidad mínima de filtrar estímulos estresantes y de ser líderes de sí mismos. Tómese en cuenta que estoy hablando de algo más que de valores; estoy hablando de las funciones fundamentales del Yo como autor de su historia.

¿Pero ese tipo de educación es responsabilidad de los padres o de la escuela? De ambos. No podemos dividir a los alumnos. Los padres y los educadores tienen responsabilidades sobre el futuro emocional, social y profesional de sus educandos. Muchos padres se desentienden de la educación, atribuyendo a la escuela una responsabilidad que también es de ellos, lo que constituye un error imperdonable. Sin embargo, también la mayoría de las escuelas evade asumir su parte en ese proceso. Reitero: ellas se encargan de transmitir millones de datos sobre el mundo en que estamos, pero con frecuencia guardan silencio sobre el mundo que somos.

LOS EJEMPLOS GRITAN MÁS QUE LAS PALABRAS

Es probable que más de 90% de la influencia que los padres ejercen en el proceso de formación de la personalidad de sus hijos *no* se deba a aquello que hablan, corrigen, apuntan, sino a lo que son, a los comportamientos que expresan de manera espontánea y que son fotografiados por el fenómeno RAM de los hijos. Cuando los padres corrigen los errores de sus hijos, se forma una ventana *light* solitaria, y eso sólo si la corrección es inteligente. Pero, como vimos, las ventanas solitarias no estructuran la personalidad, no forman un núcleo de habitación del Yo. Se hace necesario tener una plataforma de ventanas.

Muchos padres pierden el respeto y la capacidad de educar porque no entienden que los comportamientos espontáneos de sus hijos formarán una gran parte de esas plataformas de ventanas. Los padres que quieren enseñar a sus hijos a ser pacientes, siendo ellos mismos impulsivos, o enseñarlos a ser flexibles cuando ellos mismos son inflexibles y rígidos, tendrán poco éxito. El ejemplo no es sólo una buena forma de educar; es la más poderosa y eficiente. El ejemplo grita más que las palabras.

Un gran ejecutivo conquista la admiración e influencia de sus liderados más por sus comportamientos que por sus palabras. Quien traiciona sus palabras con sus acciones necesita aumentar el tono de voz o ejercer presión para ser oído. Es, por lo tanto, un pésimo líder. Debemos ser sembradores de ventanas *light* para contribuir a la formación de mentes libres y emoción saludable.

La reformulación del papel de la escuela

La escuela debe ser un complemento a la educación familiar. Y, para eso, los docentes deben saber educar la emoción y trabajar las funciones más importantes de la inteligencia para formar pensadores, y no repetidores de información.

Los pensadores filtran lo que oyen; los repetidores de información obedecen las órdenes, tienen un bajo nivel de consciencia crítica y autonomía. Vea el caso de la Alemania prenazi. Los alemanes ganaron un tercio de los premios Nobel en la década de 1930 del siglo xx. El país tenía la mejor educación clásica: la mejor matemática, física, química, ingeniería. Sin embargo, eso no fue suficiente para expulsar a Hitler, un hombre inculto, rudo, tosco y, al mismo tiempo, teatral. Cuando él surgió en el escenario junto con Goebbels, Himmler, Göring y otros y, aunado a ellos, comenzó su propaganda masiva, sedujo a la juventud alemana. El Yo del pueblo alemán perdió su autonomía.

En una situación especial, caracterizada por la inseguridad alimentaria, la fragmentación política, el alto índice de desempleo (30%), la humillación y las pesadas indemnizaciones a los vencedores de la Primera Guerra —impuestas por el Tratado de Versalles—, un cúmulo de ventanas *killer* dominaba el inconsciente colectivo de los alemanes, y comprometía su consciencia crítica. La educación clásica, aunque notable, no produjo pensadores en forma colectiva para rechazar o filtrar drásticamente la propaganda de masas. Un joven alemán de aquel tiempo soñaba, amaba y se aventuraba como los jóvenes de hoy, pero después de años de ser bombardeado por las campañas nazis, su mente estaba tan adiestrada que podía ser capaz de matar a un niño judío por no quitarse la gorra en su presencia y, minutos después, prepararse para asistir a un concierto musical.

Como comento en el libro *El coleccionador de lágrimas* y en especial en la novela psiquiátrica-histórica *En busca del sentido de la vida,* Hitler y Goebbels devoraron primero el inconsciente colectivo de los alemanes para, después, "devorar" a los judíos, marxistas, eslavos, gitanos, homosexuales y otras minorías. Tuve la oportunidad de discutir ese tema en un debate con alemanes notables, en una Alemania que hoy es un ejemplo de país que respeta los derechos humanos. ¿Quién imaginaría que la noble Alemania de Kant y Hegel sería protagonista de aquella atrocidad?

Pero la pregunta que no se puede acallar hoy es: con el tipo de educación clásica actual, que forma repetidores de información, fisurada por las redes sociales y atacada de manera frontal por el spa, ¿estamos preparados para no repetir tales atrocidades, cuando una nueva onda de ventanas *killer*, influida por el calentamiento global, la inseguridad alimentaria y la escasez de recursos naturales, se abate sobre el inconsciente colectivo de la humanidad? Por desgracia, mi respuesta es "no". Formar pensadores y educar la emoción es vital y urgente.

8

El fenómeno del autoflujo y el Yo

El autoflujo es un fenómeno inconsciente de inigualable importancia para el intelecto humano. El Yo hace una lectura lógica, dirigida y programada de la memoria, aunque algunas veces sea distorsionada y destituida de toda profundidad. La lectura del autoflujo es diferente de la del Yo. El autoflujo realiza un recorrido inconsciente, aleatorio, no programado de los más diversos campos de la memoria, y produce pensamientos, imágenes mentales, ideas, fantasías, deseos y emociones. Y uno de los grandes objetivos de ese fenómeno inconsciente es producir la mayor fuente de entretenimiento, distracción, motivación e inspiración del *Homo sapiens*.

No entraré en detalles aquí, pero, además de generar la mayor fuente de entretenimiento humano, el autoflujo tiene otra función vital: leer y retroalimentar las ventanas de la memoria desde el útero materno, a fin de almacenar millones de datos para el desarrollo del pensamiento en la primera infancia. Fue Freud quien descubrió el inconsciente o, por lo menos, fue el primer gran portavoz de la existencia del inconsciente. Sin embargo, no tuvo la oportunidad de estudiar el más notable de los fenómenos inconscientes, el autoflujo, su riquísima operatividad y sus papeles fundamentales.

Freud discurrió sobre el principio del placer como rueda maestra del movimiento de la psique. De los bebés a los ancianos, todos estamos hambrientos de placer, pero la mayor fuente de placer es, o debería ser, el fenómeno del autoflujo. Cuando esa fuente falla, las consecuencias son graves y surge en el escenario psíquico un estado inexplicable de infelicidad.

Como fuente interna o intrapsíquica del ocio, el fenómeno de autoflujo nos lleva a diario a ser viajeros en nuestro imaginario, sin compromiso con el punto de partida, la trayectoria y el punto de llegada. Cada día, cada ser humano "gana" varios "boletos" para viajar por sus pensamientos, sus fantasías, penetrando en su pasado, especulando sobre su futuro.

UN FENÓMENO BELLÍSIMO

¿Nunca se ha sorprendido al detectar qué tan creativa es nuestra mente? Incluso los ermitaños viajan con el pensamiento. Los monjes, por más aislados que estén, no pueden huir de los personajes que crean. Un paciente portador de una psicosis, por más que haya perdido los parámetros de la realidad, tiene una mente en extremo fértil, crea fantasmas que lo asombran.

Todos somos ingenieros de pensamientos, desde los sabios hasta los "locos". Por eso, discriminar a los seres humanos es una estupidez intelectual. Además, el culto a la celebridad es un infantilismo emocional. En nuestra mente, todos somos célebres cineastas, aun cuando algunos sean especialistas en producir películas de terror.

Observe la efervescente creatividad en nuestros sueños. ¿El responsable? El fenómeno del autoflujo. Hace un recorrido en la memoria, lee ventanas actuales y antiguas, junta las piezas con increíble rapidez y creatividad, genera una pléyade de personajes que se involucran en las más fascinantes aventuras y ambientes; de ese modo mantiene vivo el flujo de las construcciones intelectoemocionales. El autoflujo puede ser administrado, pero nunca podrá ser controlado en su totalidad; es el representante máximo de la ansiedad vital.

Sin la existencia del fenómeno de autoflujo, nuestra especie desarrollaría un tedio mordaz, una depresión colectiva, una falta total de sentido existencial. Como ya mencioné, cuando ese fenómeno falla en producir una fuente de placer y motivación, la rutina se vuelve asfixiante, surge una angustia inexplicable por fenómenos sociales y por traumas de la personalidad. Hay personas que tienen buenos amigos, hijos, pareja, éxito financiero y profesional, motivos de sobra para celebrar la existencia, pero se encuentran malhumoradas e insatisfechas. ¿La causa? El fenómeno de autoflujo no tiene una producción intelectoemocional capaz de inspirarlas a sentir el pulso de la vida como un espectáculo imperdible.

En muchos casos, el punto de partida para la lectura realizada por el fenómeno de autoflujo son las ventanas abiertas por el detonador de la memoria. Por ejemplo, cuando una persona claustrofóbica entra en un avión, su detonador se dispara y abre la ventana traumática que contiene el miedo de que faltará el aire o de que la aeronave caerá. A su vez, el fenómeno de autoflujo se ancla en esa ventana *killer* y comienza a producir una película espantosa, a construir centenares de pensamientos perturbadores, a llevar al pasajero a tener crisis de ansiedad (SPA) ante pequeñas turbulencias. ¿Y dónde queda el Yo en ese proceso? Paralizado. Si reaccionara, si impugnara la película de terror mental, como describiré en las técnicas sobre la administración del SPA, tendría oportunidad de ser libre.

Existen ejecutivos que dirigen con seguridad una empresa con miles de empleados, pero le tienen fobia a volar. Entran en un estado de pánico cada vez que tienen que viajar. Dirigir la mente humana es más complejo que liderar la mayor empresa mundial. Necesitamos herramientas educativas y entrenamientos inteligentes.

Es sorprendente la enorme facilidad que posee el ser humano para crear fantasmas y organizar un velorio antes de tiempo. Espero que usted no haya desarrollado esa habilidad. Si ése fuera su caso, su Yo tendrá que aprender con maestría a conducir la aeronave mental y, para eso, tendrá que dejar de ser un mero pasajero.

El Yo y sus papeles fundamentales

Usamos la palabra "yo" en forma cotidiana, sin comprender su dimensión, sus habilidades y funciones vitales. El Yo es el centro de la personalidad, el líder de la psique o de la mente, el deseo consciente, la capacidad de autodeterminación y la identidad fundamental que nos convierte en seres únicos. Dado que la definición del Yo es amplia y sus funciones o papeles fundamentales son múltiples, voy a sistematizarlos.

Existen por lo menos veinticinco papeles vitales. No basta que el Yo sea tranquilo, necesita desarrollar sus funciones fundamentales para poder honrar su condición de *Homo sapiens*, un ser pensante. No pocos profesionales e intelectuales, incluso con títulos de posgrado, tienen un Yo que no está estructurado, intolerante a las frustraciones y, aun cuando tengan una cultura notable, aunque sean laureados por la academia, no pueden ser contrariados, no saben administrar sus pensamientos, ni filtrar en forma mínima los estímulos estresantes y analizar sus debilidades. Su mente es tierra de nadie, no tiene seguro. ¿Y su mente, lector, está protegida?

Creo que la gran mayoría de las personas de todos los pueblos y culturas tienen menos de 10% de esas funciones bien desarrolladas. Al usar la Teoría de la Inteligencia Multifocal para estudiar tales funciones del Yo, quedé decepcionado conmigo, reconocí mi pequeñez, me reinventé y me coloqué como un eterno aprendiz.

Funciones del Yo como administrador de los pensamientos

I. Conocerse, analizar sus debilidades psíquicas y superar la necesidad neurótica de ser perfecto.

II. Tener consciencia crítica y ejercer el arte de la duda sobre todo lo que lo controla, en especial las falsas creencias.

III. Ser autónomo, aprender a tener opinión propia y tomar decisiones, pero saber que todas las elecciones implican pérdidas.

IV. Tener identidad psíquica y social, y superar la necesidad neurótica de poder.

V. Administrar los pensamientos y calificarlos para no ser esclavo de las ideas que escudriñan el pasado o anticipan el futuro.

VI. Calificar las imágenes mentales y liberar al imaginario para ser inteligente durante los núcleos de tensión.

VII. Administrar la emoción, protegerla como a la más excelente propiedad, y filtrar los estímulos estresantes.

VIII. Superar la necesidad neurótica de cambiar al otro (nadie cambia a nadie), y aprender a contribuir con él, sorprendiéndolo.

IX. Crear puentes sociales: saber que toda mente es un cofre, que no hay mentes impenetrables, sino llaves equivocadas.

X. Aprender a dialogar y transferir el capital de las experiencias, y no limitarse a comentar lo trivial o a ser un manual de reglas. Quien sólo es un reperto-rio de instrucciones es apto para lidiar con máqui-nas, no para formar pensadores.

XI. Transformar las influencias genéticas instintivas (rabia, castigo, agresividad, competencia predato-ria) que nos vuelven *Homo bios* para enriquecer al *Homo sapiens*.

XII. Modificar la influencia del sistema social que nos convierte en meros números en el tejido social, y no en seres humanos complejos.

XIII. Reeditar las ventanas *killer*, sabiendo que borrar la memoria es una tarea imposible.

XIV. Hacer una mesa redonda con los "fantasmas" men-tales para construir ventanas paralelas alrededor del núcleo traumático o *killer*.

XV. Pensar antes de reaccionar y razonar en forma mul-tifocal; no ser esclavo de las respuestas, sino ser fiel a la propia consciencia en primer lugar.

XVI. Ponerse en el lugar del otro para interpretarlo con mayor justicia a partir de él mismo.

XVII. Desarrollar altruismo, solidaridad y tolerancia, in-cluso consigo mismo.

XVIII. Incrementar la resiliencia: trabajar las pérdidas y frustraciones, y transformar el conformismo y la autocompasión.

XIX. Gestionar la ley del menor y del mayor esfuerzo; sa-ber que la mente humana tiende a seguir el camino más corto, como juzgar, excluir, negar, eliminar (ley del menor esfuerzo), pero la madurez recomienda el camino más inteligente y elaborado (ley del mayor esfuerzo).

XX. Pensar como humanidad, y no sólo como grupo social, nacional, cultural, religioso.

XXI. Administrar el fenómeno de autoflujo. Dejarlo libre siempre que no se ancle en ventanas *killer* o acelere la construcción de pensamientos.

XXII. Regular el SPA para no ser una máquina de pensar y de gastar energía cerebral inútil.

XXIII. Administrar el pacto entre el detonador de la memoria y las ventanas de la memoria.

XXIV. Aprender a no ser víctima del Síndrome de Circuito Cerrado de la Memoria y del fenómeno de acción-reacción.

XXV. Educarse en todas las veinticuatro funciones más complejas de la inteligencia arriba citadas para desarrollar la más notable de ellas: ser el autor de su propia historia o administrador de su mente.

Sueño que esas enseñanzas sean trabajadas de manera sistemática en todas las escuelas del mundo, de la enseñanza básica a la media. Anhelo que todas las universidades, y no sólo las especializadas en psicología, las experimenten durante todo el curso.

Aunque los docentes sean, en mi opinión, los profesionistas más importantes y poco valorados de la sociedad, uno de mis núcleos de alerta es que el sistema educativo mundial está agonizando, formando alumnos inmaduros y no preparados para ser líderes de sí mismos en una sociedad digital. Atiborra a los alumnos con millones de datos sobre el mundo objetivo y no trabaja en forma sistemática las funciones del Yo en el mundo subjetivo. ¿Qué hacen los jóvenes con las burlas y los insultos? ¿Con los desafíos y las frustraciones? ¿Y con las lágrimas y traiciones, o con los fantasmas alojados en el inconsciente? ¿Cómo analizan la psique? ¿Cómo transforman las necesidades neuróticas? ¿Cómo desaceleran y despejan su mente? ¿Cómo desarticulan las ventanas *killer*? No saben hacerlo. Cuando aciertan, lo hacen de manera intuitiva, pues no fueron educados para administrar la mente.

Después de escuchar mi clase sobre los bastidores de la mente, un alemán especialista en comunicación social dijo en forma pública: "No tengo ventanas *killer*, yo soy una ventana *killer*. Por desgracia, nunca aprendí a reeditarlas, siempre intenté borrar mi memoria. Usé mecanismos que nunca funcionaron".

Cierta vez, fui invitado por la Marina para hablar a líderes fusileros navales sobre la Teoría de la Inteligencia Multifocal y el proceso de formación de pensadores, y un brillante almirante, después de la presentación, comentó: "Nuestros fusileros son especialistas en ingeniería naval, química, mecánica, en fin, en lidiar con datos lógicos, pero nuestros planes de estudios deben ser transformados para contemplar el desarrollo del Yo y sus funciones vitales. Deben aprender a lidiar con las facetas de la vida, con los conflictos sociales y emocionales y, más que otra cosa, aprender a tomar decisiones inteligentes en situaciones de riesgo". El almirante había entendido por completo el contenido de la conferencia.

En otra ocasión, una joven universitaria me buscó diciendo que su madre se había suicidado hacía dos meses. El mundo se le vino encima. No miraba a los ojos a nadie, estaba abatida, deprimida, no salía de casa, abandonó las clases, se encerró en su prisión. Decía ser la persona más solitaria de la Tierra. Comentó que la relación con su madre había sido excelente, pero con su padre era distante y conflictiva. Su padre le había sido infiel a su madre.

También me contó que varias personas de su familia se habían suicidado. Me preocupó que ella, deprimida, angustiada, sin las funciones vitales del Yo para administrar su psique, pudiera seguir el mismo camino. La alenté a tratarse y le dije que más de diez millones de personas intentan suicidarse por año y, por desgracia, un millón de éstas lo consiguen. Asimismo, le comenté que su madre no se quería quitar la vida, sino eliminar el dolor. Afirmé que ella no debería sentirse molesta con su madre por haberla abandonado, y le expliqué el mecanismo psicodinámico del suicidio.

Su madre fue víctima del Síndrome de Circuito Cerrado de la Memoria. Había entrado en ventanas de tensión, ligadas al autoabandono, al sentimiento de exclusión, al resentimiento, al humor depresivo, que bloquearon el acceso a miles de ventanas en un determinado momento, lo que llevó a su Yo a reaccionar sin pensar, por instinto.

Y comenté que ella debería desarrollar algunas funciones vitales de la inteligencia. Todos los días debería hacer la mesa redonda del Yo contra todo aquello que la controlaba, administrar sus pensamientos, dar un golpe de lucidez a su emoción, reeditar las ventanas de la memoria y transformar el caos en una oportunidad creativa. Ella entendió que podía ubicarse como conformista, víctima del mundo, o como protagonista de su historia. Sonrió, lo que hace mucho no hacía, y dijo que todos los días usaría las técnicas que le propuse para educar a su Yo y aprender a ser autora de su propia historia. Me alegré por ella.

El Yo maduro o esclavo

En la educación clásica, el Yo no es organizado, entrenado, dotado para ser administrador psíquico. Se convierte en un realizador de tareas, pretensiones, deseos: "Yo hago, yo hice, yo haré", "Yo deseo, yo deseé, yo desearé". Cuando mucho, ese Yo desarrolla una consciencia crítica y una identidad. Pero sus más de veinte funciones vitales permanecen casi intactas. Es un Yo inmaduro, servicial, sujeto a obedecer las órdenes, sin tener consciencia de sus papeles esenciales y, por lo tanto, sin condiciones de ser administrador de la mente, piloto de la aeronave mental, director del guion de su historia.

   ¿Qué hacemos cuando somos traicionados, heridos, calumniados, rechazados? ¿Escribimos los capítulos más importantes de nuestra historia, o los peores textos en nuestra memoria? ¿Somos víctimas del Circuito Cerrado de la Memoria o protegemos nuestra mente para no vender nuestra tranquilidad y salud emocional a un precio vil? Por desgracia, pensamos de más en el estímulo estresante e incitamos al fenómeno RAM a producir innumerables ventanas *killer*, con lo que formamos un núcleo traumático, un núcleo de habitación que secuestra al Yo.

La educación que no contempla las funciones más complejas de la inteligencia acarrea consecuencias muy graves para la psiquiatría y la psicología, al fomentar la producción de trastornos psíquicos; para la propia educación, al estimular la formación de repetidores de información y no pensadores; para las ciencias políticas, al promover la corrupción, el egoísmo, el egocentrismo, la necesidad neurótica de poder, y para la evolución de nuestra especie, al promover disputas irracionales, fundamentalismo político y religioso, fragmentación de la humanidad e inviabilidad a largo plazo.

Si una persona posee un Yo saludable e inteligente, con sus funciones vitales bien desarrolladas, tendrá una consciencia sustancial de sí misma y de la complejidad de su psique, y jamás se pondrá por encima o por debajo de los demás. Podrá estar frente al presidente o el rey de su nación sin sentirse disminuida y sin tener el impulso de sobrevalorarlos. Podrá considerarlos y respetarlos, pero no experimentará un deslumbramiento irracional. La mayoría de los jóvenes que se deslumbra ante una personalidad de Hollywood o de un artista de la música no tiene un Yo autónomo, consciente de sí mismo, autocrítico.

Un Yo saludable e inteligente percibe que todos los seres humanos son complejos en la misma medida en el proceso de construcción de pensamientos, aunque esa construcción tenga distintas manifestaciones culturales, velocidad de raciocinio, coherencia y sensibilidad.

9

El Yo y el autoflujo:

¿amigos o enemigos?

Un Yo saludable e inteligente percibe la grandeza de la existencia. Sabe que todos los seres humanos son como "niños", en el buen sentido de la palabra, "jugando" en el teatro del tiempo, comprando, vendiendo, relacionándose, envueltos en un mar de secretos que sobrepasan los límites de la comprensión de su intelecto.

Un Yo saludable e inteligente organiza su agenda social con flexibilidad, con la capacidad de exponer sus pensamientos, nunca imponiéndolos. Quien impone sus ideas, sea a través del tono de voz exacerbado, de la presión social o económica, de exigencias excesivas o de discursos interminables, no es autor de su propia historia ni formador de pensadores, sino de siervos, de personas pasivas, intimidadas, sumisas.

Existen muchos líderes que jamás fueron dignos del poder que poseen, pues no saben liberar el potencial intelectual de sus liderados. Los asfixian y no proporcionan oxígeno para que expresen sus ideas y sean creativos, proactivos, emprendedores. Tienen necesidad de ser el centro de todo. Y nadie es digno del poder si se ama por encima de las personas que representa.

Un Yo maduro tiene consciencia de sí, es determinado, líder de sí mismo en primer lugar, para después liderar a los demás. Y, entre todas las actividades, un Yo maduro da un golpe de inteligencia en la construcción de pensamientos realizada por los fenómenos inconscientes, al dar preferencia al autoflujo. Veamos.

LOS SEIS TIPOS DE YO

Yo gerente

Son las personas cuyo Yo aprendió a administrar sus pensamientos, a ejercer el arte de autocuestionarse. Liberan su imaginario, aprecian los movimientos del autoflujo, son creativas, motivadas, inspiradas y también capaces de criticar sus ideas, sus verdades y sus creencias.

Saben que quien vence sin dificultades, triunfa sin grandeza. Por lo tanto, rompen la cárcel de la monotonía, andan por espacios inexplorados, son curiosas, buscan lo que está más allá de sus ojos pero, al mismo tiempo, su Yo tiene la madurez para transformar y calificar sus pensamientos y sus imágenes mentales. Tienen consciencia de que el fenómeno del autoflujo es una fuente de inspiración, entretenimiento y aventura, pero no permiten que los domine.

El Yo gerente hace una higiene mental diaria: duda de los pensamientos perturbadores, critica las falsas creencias y determina o decide en forma estratégica a dónde quiere llegar; por lo tanto, usa la técnica de dudar, criticar y determinar (DCD).

El Yo gerente es libre, ligero, relajado, hace del caos una oportunidad creativa, tiene la resiliencia para usar al dolor a fin de construirse, reconoce errores, pide disculpas y encanta a las personas, pues no tiene la necesidad neurótica de ser perfecto. Por eso, es capaz de hablar de sus lágrimas para que sus hijos y alumnos aprendan a llorar las suyas. Porque un día las llorarán.

Yo viajero o desconectado

Son las personas que embarcan a su Yo en todos los viajes promovidos por el autoflujo, sin ninguna administración. El cielo y el infierno emocionales están muy cercanos de alguien que tiene un Yo desconectado. Esas personas no han perdido los parámetros de la realidad, no padecen un brote psicótico, pero, por ser viajeros en la trayectoria de su propia mente, alternan con mucha facilidad los momentos felices y los de tensión.

Como el Yo viajero no tiene la mínima administración de su mente, dependiendo del lugar de la memoria en el que se ancla el autoflujo, las personas con ese tipo de Yo asistirán como espectadores pasivos a los pensamientos, ideas, imágenes mentales y emociones construidos por ese fenómeno inconsciente. Un Yo desconectado no asume la dirección de su propia historia. Ahí por donde el autoflujo camina, el Yo lo sigue con ingenuidad.

Las personas que poseen un Yo desconectado o viajero viven inmersas en su psique, pensando, imaginando, fantaseando. Son tan distraídas y desconcentradas que usted habla con ellas por minutos, pero ellas no prestan atención a sus palabras.

Muchas personas inteligentes, incluyendo a muchos genios, tienen un Yo viajero. Pero, dado que están desconectadas de la realidad, por desgracia no usan en forma adecuada su potencial intelectual. Son individuos soñadores, pero sin disciplina para transformar sus sueños en realidad. Tienen un discurso excelente, pero no son productivos. Aman los aplausos, pero no les gusta afinar el piano, cargarlo y tocarlo.

Existen personas que tienen un Yo desconectado y son afectivas, generosas, serenas, pero en muchos casos hay un egoísmo y un egocentrismo en la base de su desconexión. Poco se preocupan por el dolor ajeno y, por eso, tienen escasas actitudes prácticas para aliviarlo. Son excelentes para hablar, pero lentas en actuar. Aprender el arte del altruismo y de la observación exige un entrenamiento que un Yo desconectado debe realizar día tras día.

Algunos alumnos cursan con un SPA tan intenso y están tan desconectados en el salón de clases que les pido que apliquen la siguiente técnica para concentrarse y mejorar el desempeño intelectual: elaborar, en su mente, la síntesis de la exposición de los profesores mientras ellos hablan y escribirla con rapidez.

Yo fluctuante

Al igual que el Yo desconectado, el Yo fluctuante no tiene ancla, seguridad, estabilidad, claridad sobre dónde está y adónde quiere llegar. Sigue los movimientos aleatorios de la lectura de la memoria que realiza el fenómeno del autoflujo. Ni siquiera por intuición es capaz de dar dirección a ideas, pensamientos, metas y proyectos.

Las personas con Yo fluctuante no ejercen su capacidad de elección. No tienen autonomía, ideas propias, directriz intelectual. En un momento tienen una opinión; al siguiente, influidas por otros o por el medio ambiente, la cambian con facilidad. En un periodo, sueñan con algo; en el otro, cuando surge el fragor de los problemas, desisten y cambian de rumbo.

Al ser inestable, el Yo fluctuante desestabiliza a la propia emoción y la vuelve voluble, cambiante. Por eso las personas con este tipo de Yo están alegres en un periodo y tristes en otro. Por la mañana, están motivadas; por la tarde, sin energía, y, en la noche, quieren dormir, pues pierden el "sazón". En un momento son afectivas; en otro, irritables y hasta agresivas. Los ejecutivos fluctuantes llevan a sus colaboradores a caminar sobre cristales. En casos extremos, los llevan a limitar la espontaneidad, la creatividad y el placer de trabajar en la empresa, pues nunca saben de qué humor estará el jefe.

Las personas con un Yo fluctuante trastornan sus propias relaciones, perturban la tranquilidad y el placer de la pareja, de sus hijos y de sus amigos. Administrar el humor y adquirir estabilidad emocional son metas fundamentales para quien posee un Yo fluctuante.

Yo inflexible

Son las personas que no liberan el fenómeno del autoflujo y, en consecuencia, limitan su imaginario y su creatividad. Su Yo es rígido, cerrado, inflexible. Tienen un gran potencial creativo, pero son sus propios castigadores, no sueñan, no se inspiran, tienen pavor de ser abiertas y de pensar en otras posibilidades. Viven aburridas y aburriendo a sus seres cercanos.

Un Yo inflexible defiende en forma radical sus convicciones, su partido político y su religión y, por lo tanto, no da espacio para respetar lo diferente. Quien es radical no está convencido de lo que cree ni de su religión, pues si lo estuviera no necesitaría usar la presión para expresarse. Por otro lado, también quien defiende su ateísmo de manera radical es inmaduro en sus emociones, pues necesita de la coacción para dar relevancia a sus convicciones.

El Yo inflexible está robotizado mentalmente. Se levanta siempre del mismo modo, hace las mismas reclamaciones, da las mismas respuestas, adopta las mismas actitudes ante los mismos problemas. Es una persona encarcelada por la rutina. A veces, tiene motivos de sobra para agradecer la vida, el trabajo, los hijos, pero se atasca en el pantano de la queja. ¿Conoce usted a alguien así?

Esas personas incluso pueden tener éxito "por fuera",

pero son miserables por dentro. Su mayor fuente de entretenimiento está comprometida, empobrecida. Su Yo se complace en anclarse en ventanas *killer* que fomentan el pesimismo, la insatisfacción, la irritabilidad. Entrenar la capacidad de cambio cuando es necesario, pensar en otras posibilidades, tener autocrítica y reconocimiento de la propia rigidez son actitudes muy inteligentes para retirar nuestra escayola mental.

Yo autosaboteador

El Yo autosaboteador no administra el proceso de construcción de pensamientos para promover estabilidad y profundidad emocionales. Por increíble que parezca, ese tipo de Yo va en contra de la libertad, conspira contra su placer de vivir, su tranquilidad y su éxito profesional y social. Las personas con un Yo autosaboteador son verdugos de sí mismos. Un Yo con esas características necesita con desesperación aprender a tener una historia de amor con sus cualidades.

Miles de mujeres con sobrepeso tienen un Yo autosaboteador. Se ponen a dieta, luchan para adelgazar y, después de mucho esfuerzo, tienen éxito. Sin embargo, no mantienen el peso ni se retiran con su victoria, pues el fenómeno de autoflujo se ancla en ventanas *killer,* lo que produce autocastigo. Y el Yo, frágil, se somete a esas zonas traumáticas y, en consecuencia, no admite sentirse bien, feliz y ser elogiado. El éxito las pone tensas, comienzan a sabotear su régimen, a comer de manera compulsiva. Parece que sólo se sienten vivas si se están castigando. Con frecuencia, desisten de sus sueños a la mitad del camino.

El Yo autosaboteador no sabe administrar su autoflujo que, además de autoexigirse, carga fobias, obsesión, dependencia, celos, envidia, rabia, autocastigo.

Una persona autosaboteadora de su salud emocional vive aterrorizándose, atormentándose con hechos que todavía no han sucedido o gravitan en la órbita de los problemas que ya pasaron, lamentando pérdidas, fracasos, injusticias.

Un Yo que sabotea su propia felicidad puede ser excelente con los demás, pero pésimo para sí mismo. Puede ser tolerante con sus seres cercanos y sus amigos, pero implacable consigo mismo. Puede dar oportunidad a los demás cuando se equivocan, pero rara vez a sí mismo.

Uno de los más graves defectos de la personalidad de un Yo autosaboteador es la autoexigencia. Como, por desgracia, gran parte de esas personas tienen esa característica enfermiza, voy a reiterar lo que ya dije. Quien se exige demasiado retira el oxígeno de su propia libertad, asfixia su creatividad y, lo que es peor, estimula el registro automático de la memoria para que produzca ventanas *killer* cada vez que falla, tropieza, claudica o no corresponde a sus altísimas expectativas.

Una alerta importante: una de las más graves consecuencias de este tipo de Yo es que constantemente aumenta los niveles de exigencia, lo que le impide relajarse, sentirse realizado, satisfecho, feliz. Quien hace mucho de poco es mucho más estable y saludable que quien precisa de mucho para sentir algunas migajas de placer.

El Yo autosaboteador hace que muchos profesionistas de éxito tengan un grave fracaso emocional. Sabotean sus vacaciones, sus fines de semana, sus días festivos, su sueño, sus sueños.

Yo acelerado

A la categoría del Yo acelerado pertenece el inmenso grupo de personas en todo el mundo, en todas las sociedades modernas, desde niños hasta ancianos, que se sobrecargan de información, actividades y preocupaciones. En consecuencia, activan al fenómeno de autoflujo para que produzca pensamientos a una velocidad nunca vista, con lo que se genera el Síndrome del Pensamiento Acelerado.

El SPA se ha convertido en el mal del siglo, que ha generado una pésima calidad de vida, insatisfacción crónica, retracción de la creatividad, enfermedades psicosomáticas, trastornos en las relaciones interpersonales y, en especial, trastornos en la relación del Yo consigo mismo.

No existen personalidades múltiples

Debemos considerar que podemos tener varias posturas del Yo en la misma personalidad. No existen múltiples personalidades, como creen algunas personas, incluyendo profesionales de la psicología. Lo que existe son núcleos distintos de habitación o plataformas de memoria donde se anclan el autoflujo y el Yo.

Hay individuos que cambian el tono de voz y reaccionan de manera tan diferente de la habitual que parece que dos o más personas viven en el mismo cerebro. De hecho, lo que ocurre es que, dependiendo de la plataforma en la que se fije el autoflujo, el Yo se nutre de informaciones y experiencias para producir pensamientos y emociones y, de ese modo, revelar características propias de la personalidad.

Algunas personas son serenas cuando están ancladas en determinado núcleo de habitación; fuera de él se vuelven estúpidas. Existen personas que son fuertes y seguras en una situación determinada, pero en otra se intimidan como un niño ante una fiera. Si las plataformas son muy distintas unas de otras, desde el punto de vista cualitativo, las características también lo serán.

El Yo puede tener varias posturas enfermizas

Una persona puede tener un Yo acelerado y, para empeorar su salud emocional, también un Yo inflexible, autosaboteador o desconectado del medio ambiente. Es decir, además de que el sujeto es inquieto y agitado, también es rígido, tiene inestabilidad emocional y, al mismo tiempo es su peor enemigo, verdugo de sí mismo, pesimista y malhumorado.

A pesar de que la postura del Yo revela niveles de creatividad, madurez, resiliencia, capacidad de adaptación a los cambios, de proteger la psique y de superar conflictos, no podemos olvidar que, en psiquiatría y psicología, nada es inmutable. La psique humana puede pasar por un proceso de transformación, en especial si el Yo se renueva y se vuelve un constructor de plataformas de ventanas *light*, es decir, un edificador de nuevos núcleos de habitación en la corteza cerebral.

Una de las tesis que defiendo en el libro *La fascinante construcción del Yo* es que, dentro de la metáfora de una ciudad, un ser humano no necesita tener toda la ciudad de su memoria perfecta —sin calles llenas de hoyos, cloacas abiertas y barrios maltratados— para tener una vida digna.

Como una ciudad física, si usted construye núcleos de habitación saludables, será posible tener una vida aceptable y placentera. Si no fuera así, el proceso de formación de la personalidad sería por completo injusto. Los niños que sufrieron abuso sexual o que fueron privados de las mínimas condiciones de vida, humillados socialmente, mutilados en guerras y ataques terroristas no tendrían oportunidad de poseer una mente libre y una emoción saludable.

En las computadoras somos dioses porque registramos y borramos lo que queremos en el momento en que queremos; en la memoria humana, eso es imposible. Pero no significa que estemos condenados a convivir con nuestras debilidades psíquicas.

Podemos cimentar todos los papeles del Yo que ya hemos visto y, en consecuencia, reeditar la memoria y aprender algunas herramientas, como la técnica del DCD, la mesa redonda del Yo, la protección de la emoción, la resiliencia, para asumir el guion de nuestra historia.

Sin embargo, jamás debemos olvidar que no existen soluciones mágicas en psiquiatría, psicología, sociología y ciencias de la educación. Es preciso tener una nueva agenda para formar núcleos de habitación del Yo. Es necesario realizar ejercicios educativos diarios. Debemos recordar siempre esta tesis: si la sociedad nos abandona, la soledad es tratable, pero si nos abandonamos a nosotros mismos, será casi incurable.

10

El Síndrome del Pensamiento Acelerado (SPA)

En los capítulos anteriores, mencioné algunos mecanismos del proceso de construcción de pensamientos. De ese modo quedó preparado el terreno para hablar en forma más específica sobre el gran mal del siglo: el Síndrome del Pensamiento Acelerado.

Así como tuve el privilegio de descubrir el Síndrome de Circuito Cerrado de la Memoria, que está en la base de agresiones domésticas, *bullying*, conflictos profesionales, suicidios, guerras y otras formas de violencia, tuve la felicidad de desenmascarar el síndrome más penetrante y "epidémico" que afecta a las sociedades modernas: el Síndrome del Pensamiento Acelerado.

No obstante, al mismo tiempo tuve la infelicidad de saber que gran parte de las personas de casi todas las edades es atacada por él en distintos niveles, incluyendo a los niños, algunas veces tratados como genios, otras como hiperactivos. Destruimos, sin darnos cuenta, la infancia de los pequeños.

Pensar es bueno; pensar con consciencia crítica es todavía mejor, pero pensar en exceso es una bomba contra la calidad de vida, una emoción equilibrada, un intelecto creativo y productivo.

El pensamiento acelerado

El contenido pesimista de los pensamientos no sólo es un problema que afecta la calidad de vida, sino —y esto no se sabía— también la velocidad exagerada de esos pensamientos. Editar o acelerar sin control el pensamiento es una señal más evidente de la falla del Yo como administrador psíquico. Nadie soportaría por mucho tiempo ver una película cuyas escenas transitaran con rapidez. Pero soportamos por años que nuestro pensamiento ruede su "película". El costo físico y psíquico es altísimo.

Estudiar el Síndrome del Pensamiento Acelerado, así como sus causas, síntomas, consecuencias y mecanismos de superación, debería formar parte del programa de estudios de todas las escuelas, desde preescolar hasta posgrado. Pero no tenemos tiempo para explorar el mundo que nos forma como seres pensantes. La educación "por contenido" estresa a los nobilísimos profesores y a sus alumnos. Y, para empeorar las cosas, compromete la creatividad y la salud emocional.

Cualquier iletrado sabe que una máquina no puede trabajar continuamente en alta potencia, día y noche, pues corre el riesgo de aumentar su temperatura y fundir sus piezas.

Pero es casi increíble que nosotros, seres humanos, no tengamos la mínima consciencia de que pensar con exageración y sin ningún autocontrol es una fuente de agotamiento mental.

Los niños y adolescentes están abrumados mentalmente. Los padres y los docentes están fatigados sin saber la causa. Los profesionistas de las más diversas áreas despiertan sin energía y cargan con su cuerpo durante el día.

Cierta vez di una conferencia sobre los síntomas del spa en Orlando, Estados Unidos, ante mis alumnos de maestría de más de treinta países y, atónitos, casi todos percibieron que necesitaban descansar por un largo periodo. Precisaban con urgencia entrenar a su Yo para administrar sus pensamientos, cambiar su estilo de vida y tener una historia de amor con su salud mental.

La humanidad tomó el camino equivocado; estamos estresándonos en forma rápida, intensa y global en la era de las computadoras y del internet. Estamos llevando la psique a un estado de quiebra colectiva y no percibimos el mal del siglo.

Aun si el contenido fuera positivo, culto, interesante, la aceleración del pensamiento por sí sola genera un desgaste cerebral intenso y produce la ansiedad más importante de los tiempos modernos, con la más rica sintomatología. No necesitamos haber tenido una infancia enferma para ser adultos ansiosos; basta con tener una mente hiperacelerada para enfermarnos.

Existen muchos tipos de ansiedad, como la postraumática, el trastorno obsesivo compulsivo (toc), el síndrome de *burnout*, el trastorno de pánico, pero la ansiedad producida por el SPA es más envolvente, continua y "contagiosa".

A continuación menciono algunos de los síntomas:

    I. Ansiedad.

   II. Mente inquieta o agitada.

  III. Insatisfacción.

  IV. Cansancio físico exagerado; despertar cansado.

    V. Sufrir por anticipado.

  VI. Irritabilidad y fluctuación emocional.

 VII. Impaciencia; todo tiene que ser rápido.

VIII. Dificultad para disfrutar la rutina (tedio).

  IX. Incapacidad para lidiar con personas lentas.

    X. Bajo umbral para soportar las frustraciones (pequeños problemas causan grandes impactos).

  XI. Dolor de cabeza.

 XII. Dolor muscular.

XIII. Otros síntomas psicosomáticos (caída del cabello, taquicardia, aumento de la presión arterial, etcétera).

XIV. Déficit de concentración.

 XV. Déficit de memoria.

XVI. Trastornos del sueño o insomnio.

Aunque no exista una clasificación rígida, de manera empírica podemos decir que quien presenta de tres a cuatro síntomas debe cambiar su estilo de vida con rapidez. Resuelva el test para evaluar su calidad de vida en el sitio www.au gustocurycursos.com.br.

Una de las características más notables del Síndrome

del Pensamiento Acelerado es el sufrimiento por anticipación. Nos angustiamos por hechos y circunstancias que
aún no suceden, pero que ya están dibujados en nuestra
mente. Incluso quien detesta las películas de terror crea,
con frecuencia, una película fantasmagórica en su mente.
Su Yo sabotea su tranquilidad.

Todos los docentes del mundo saben, aunque no en-
tiendan la causa, que de finales del siglo xx para acá, los
niños y los adolescentes están cada vez más agitados, inquietos, sin concentración, sin respeto unos por los otros,
sin placer por aprender.

¿Por qué muchos despiertan fatigados? Porque gastan
mucha energía pensando y preocupándose durante el estado de vigilia. El sueño deja de ser reparador, no logra repo-
ner la energía a la misma velocidad.

¿Y por qué surgen los síntomas físicos? Cuando el cerebro está desgastado, estresado y sin reposición de energía,
busca órganos de choque para alertarnos. En ese momento
aparece una serie de síntomas psicosomáticos, como dolores de cabeza o musculares, que representan el grito de alerta de millones de células suplicando que cambiemos nuestro
estilo de vida. ¿Pero quién escucha la voz de su cuerpo?

¿Y el olvido? ¿Por qué somos un grupo de personas con
déficit de memoria? Porque nuestro cerebro tiene más jui-
cio que nuestro Yo. Al percibir que no sabemos administrar
nuestros pensamientos, que vivimos agotados, el cerebro
utiliza mecanismos instintivos que bloquean las ventanas
de la memoria en un intento de que pensemos menos y
ahorremos más energía.

Con frecuencia, en los congresos de educación pregunto a los docentes si tienen déficit de memoria. La respuesta es siempre la misma: casi todos dicen que sí. Entonces hago una alerta en tono de broma, pero en serio. Les pregunto: "Queridos docentes, si son colectivamente olvidadizos, ¿cómo entonces tienen el coraje de exigir que sus alumnos recuerden su asignatura en los exámenes?". Muchos ríen y aplauden. Pero en el fondo no estoy bromeando, y sí en cambio señalando algo muy serio.

Nuestros alumnos también padecen SPA, lo que perjudica la asimilación de la información, la organización y la capacidad de recuperarla y compromete el desempeño del raciocinio. Alumnos brillantes no destacan en los exámenes no porque no sepan los contenidos de la asignatura, sino porque truncaron ese proceso.

He dicho ya que los ministerios de Educación y Cultura de los más diversos países están equivocados al evaluar a un alumno por su asertividad en los exámenes. Los alumnos deben ser evaluados no sólo por la repetición de los datos, sino también por su creatividad, capacidad de raciocinio esquemático y osadía. Y, además, si queremos formar pensadores, debemos evaluar a un alumno fuera del ambiente de los exámenes, durante las clases, por su interactividad, altruismo, proactividad, debate de ideas, discurso de pensamiento y cooperación social. Son tales elementos los que determinarán el éxito profesional y social en los exámenes de la existencia, mucho más que los aciertos en las pruebas escolares.

El déficit de memoria afecta a las más diversas personas

en los más variados niveles. Hay personas tan olvidadizas que tienen dificultad para recordar hasta el nombre de sus compañeros de trabajo, dónde pusieron la llave del auto o dónde lo estacionaron. Los olvidos habituales son un grito del cerebro que nos avisa que se ha encendido el foco rojo, que el spa asfixió nuestra mente a tal punto que está comprometiendo seriamente la calidad de vida. El déficit de memoria habitual es una protección cerebral y no un problema, como muchos médicos piensan.

Reitero: el cerebro bloquea ciertos archivos de la memoria en un intento por disminuir el exceso de pensamientos producidos por el spa. Un individuo muy estresado y con spa puede gastar más energía que diez personas que realicen trabajo físico. Sabio es el que hace mucho gastando poca energía.

¿De qué sirve ser una máquina de trabajar si perdemos a las personas que más amamos, si no tenemos una existencia tranquila, encantadora, motivadora? Las personas que realizan un trabajo intelectual excesivo, como jueces, promotores, abogados, ejecutivos, médicos, psicólogos y docentes, desarrollan el spa con mayor intensidad. Con frecuencia, las personas más dedicadas y eficientes se estresan con más intensidad. Algunas de las causas del spa son:

I. Exceso de información.
II. Exceso de actividades.
III. Exceso de trabajo intelectual.
IV. Exceso de preocupación.
V. Exceso de exigencia.

VI. Exceso de uso de celulares.

VII. Exceso de uso de computadoras.

El exceso de información es la causa principal del SPA. En el pasado, la cantidad de información se duplicaba cada dos o tres siglos; hoy, se duplica cada año.

Creíamos que esa avalancha de informaciones, que provienen de la televisión, la escuela, los videojuegos, los *smartphones*, los periódicos, las empresas, no era un problema tan significativo, pero hoy sabemos que el fenómeno RAM archiva todo en la corteza cerebral y sin autorización del Yo, lo que ocasiona que se sature la Memoria de Uso Continuo.

La MUC es el centro consciente de la memoria. En forma metafórica, representa el núcleo de circulación de un ser humano en una gran ciudad. En su cotidianeidad, él frecuenta como máximo 2% de todas las calles, avenidas y tiendas. A veces sale hacia las áreas periféricas que, en la Teoría de la Inteligencia Multifocal, llamamos Memoria Existencial, o Memoria Inconsciente, como ya mencioné.

Si saturamos la MUC, al pasar de 5 a 10%, expandiremos los niveles de ansiedad vital y sobreestimularemos el fenómeno del autoflujo que, a su vez, comenzará a leer la memoria de manera rápida y descontrolada, y a producir pensamientos a una velocidad nunca vista. Así se genera el Síndrome del Pensamiento Acelerado.

De nuevo usaré la metáfora de la ciudad para explicar esos fenómenos inconscientes, que actúan en milésimas de segundo. Todos tenemos nuestro núcleo de circulación. En la ciudad de São Paulo, una persona frecuenta una o dos farmacias. Pero hay centenares de farmacias en barrios distantes. Si, para comprar un medicamento, una persona tuviera que ir a innumerables farmacias y seguir las más diversas trayectorias, tal vez se tardaría un día, tal vez una semana. Y eso podría perjudicar su salud.

Del mismo modo, cuando alargamos la muc en exceso —el núcleo de circulación de la "ciudad de la memoria"— desarrollamos un trabajo mental desgastante y poco productivo. En las empresas, muchas personas se informan y piensan mucho, pero con poca profundidad. Las ideas originales desaparecen.

La tim estudia no sólo el proceso de construcción de los pensamientos, sino también, entre otros, el proceso de formación de pensadores. Estoy convencido de que no es el exceso de información y de pensamientos lo que determina la calidad de las ideas. Einstein tenía menos información que la mayoría de los ingenieros y físicos de la actualidad, y fue mucho más lejos. Es la manera como reorganizamos los datos, y no su exceso, lo que determina el grado de creatividad.

Es fundamental seleccionar la información. Pero, en esta sociedad urgente, somos pésimos para elegir el menú de nuestra mente. Engullimos todo y con rapidez, sin digerirlo. ¿Cómo no estresarse, y en forma drástica? Estamos destruyendo a nuestros empleados en las empresas, asfixiando a los docentes en los salones de clase, infartando a los médicos en los hospitales.

Hablemos ahora sobre los hijos de la humanidad. Nosotros, los adultos, bien o mal, soportamos los síntomas del spa, pero ¿y los niños?

11

El asesinato de la infancia

El sistema social cometió uno de los más dramáticos asesinatos colectivos: el de la infancia. El mundo está aterrorizado por el uso de armas de destrucción masiva, pero se calla ante las "armas" del sistema social que provocan la destrucción en masa de la infancia de nuestros niños.

El exceso de estímulos, actividades, juegos, publicidad, uso de *smartphones*, videojuegos, televisión e información escolar satura la MUC de los hijos de la humanidad, genera un trabajo intelectual esclavo y edita sus pensamientos a niveles nunca vistos.

En la actualidad, es probable que un niño de siete años tenga más información de la que tenía un emperador en el auge de la Roma antigua y de la que tenían Pitágoras, Sócrates, Platón y Aristóteles, en fin, los grandes pensadores de la antigua Grecia. Ante eso, ¿cómo evitar que los niños estén mentalmente agitados, desconcentrados, impulsivos, irritables, con dificultad para elaborar sus experiencias? Es imposible.

Los niños son inestables, irritables, intolerantes a las contrariedades, inseguros ante nuevas situaciones, no se deleitan en aprender y tienen una enorme dificultad para debatir las ideas en ocasiones de mínimo estrés.

Nosotros, los adultos, cometemos un crimen al sobre-estimular el proceso de construcción de pensamientos. No nos damos cuenta de que los niños deben aprender a prote-ger la emoción, filtrar los estímulos estresantes, desarro-llar el placer por medio de actividades lúdicas, participar de procesos creativos que involucren una mejor elabora-ción, como los deportes, la música, la pintura y la relación con la naturaleza.

Hay quien, al ver a los niños y adolescentes agitados y rebeldes a los convencionalismos, se apresuran a culpar a los padres, diciendo que son obstinados, que no ponen lími-tes, que no transmiten valores. Sí existen padres que, como educadores, presentan tales comportamientos enfermi-zos, pero la mayoría está perdida por completo. Imponen límites, pero sus hijos repiten continuamente los mismos errores. La causa es evidente. Debido al SPA, los jóvenes no elaboran las experiencias que involucran pérdidas y frus-traciones y, por lo tanto, el fenómeno RAM no se registra, no forma núcleos saludables de habitación del Yo capaces de enriquecer las características de su personalidad. Su Yo se vuelve inflexible, desconectado, fluctuante y casi siem-pre autosaboteador.

Nunca fue tan difícil educar

He "gritado" en muchos países, por medio de mis libros, que estamos violando la caja negra de la construcción de pensamientos de nuestros hijos, lo cual es gravísimo. Estamos durmiendo y, al mismo tiempo, soñando deslumbrados con el mundo digital que hemos creado.

Nunca fue tan difícil educar a una generación. No hay un culpable, el causante es el sistema. Todos tenemos nuestra responsabilidad en el asesinato de la infancia. Lo que me duele en el alma es saber que esos jóvenes serán adultos en un ambiente de calentamiento global, inseguridad alimentaria y competencia predatoria, y necesitarán tener una notable capacidad de liderazgo y creatividad para dar respuestas inteligentes a esas cuestiones. Por desgracia, sin embargo, no los estamos preparando para ese mundo tumultuoso que nosotros mismos creamos.

Cuando los niños son afectados por el SPA en la primera infancia, hasta los cinco años, los padres quedan extasiados, piensan que sus hijos son genios. No perciben los síntomas. Tienen el orgullo de contar a todos la astucia de sus hijos, que asimilan información con rapidez y tienen respuestas para todo. Para empeorar el cuadro de los genios, los ponen en un mar de actividades —escuela, aprendizaje de idiomas, música, deporte— y, además, permiten que tengan acceso indiscriminado a las redes sociales. Ese proceso agita todavía más la mente de los niños.

No saben que los pequeños deben tener infancia, crear, elaborar, estabilizar su emoción, dar profundidad a sus sentimientos, ponerse en el lugar del otro, pensar antes de reaccionar, aquietar la mente. En caso contrario, tendrán una emoción inestable, insatisfecha, irritable, intolerante a las contrariedades, y claro, hiperpensante.

Los años pasan y, en la segunda infancia, preadolescencia y adolescencia, los padres comienzan a percibir que algo está mal. El genio desapareció. Sus hijos quieren cada vez más para sentir cada vez menos; son insatisfechos, indisciplinados, tienen dificultad para expresar gratitud, su autoestima (la forma como se sienten) está debilitada, su autoimagen (la forma en que se ven) está quebrantada, no aceptan un "no", son impacientes, quieren todo ahora.

Es fundamental que los padres no den regalos y ropa en exceso a sus hijos ni los inscriban en múltiples actividades. Igual de fundamental es que conquisten el territorio de su emoción y sepan transferir el capital de sus experiencias, es decir, que les den lo que no se puede comprar. No deben dejar que estén todo el día conectados a las redes sociales y usando *smartphones*. El manejo ansioso de tales aparatos puede causar dependencia psicológica, como algunas drogas. Quíteles el celular por un día y vea cómo reaccionan. Además, los hijos, al igual que los propios padres, jamás deberían usarlos en exceso en la noche o dormir al lado de estos dispositivos, pues su pantalla libera una longitud de onda azul que dificulta la liberación, en el metabolismo cerebral, de sustancias que inducen el sueño.

Los padres que sobreprotegen a sus hijos y les dan todo lo que piden arrojan combustible en su SPA. Como digo en el libro *Padres brillantes, maestros fascinantes,* recuerde

que los buenos padres dan presentes y soportes para la supervivencia de sus hijos, pero los padres brillantes van
mucho más allá: aportan a su historia, transfieren el capital más excelente, el de las experiencias. Muchos padres
pierden a sus hijos porque no pueden hacer de la relación
una gran aventura.

12

Los niveles del spa

EL SPA: ¡DESACTÍVELO!

S i tenemos muchos ladrillos que no son utilizados en un terreno, ¿cómo podemos considerarlos: objetos útiles o escombro? El exceso de información se convierte en escombros que perjudican la osadía, la capacidad de observación, la asimilación. Los ejecutivos que viven bajo la paranoia de informarse, que no son selectivos, demuelen su originalidad y su creatividad.

El SPA abarca el estrés profesional (síndrome de *burnout*), generado por el uso de teléfonos celulares, por el exceso de actividades, de información, de trabajo y por la competencia predatoria. A no ser en casos excepcionales u horas muy específicas, un profesionista debería prohibirse usar el teléfono celular los fines de semana. Siempre habrá problemas que resolver, siempre habrá actividades que realizar.

En este mundo competitivo y consumista, o aprendemos a ser seres humanos o seremos máquinas de trabajar.

Muchos no saben lo que es ser un simple ser humano que anda en el tiempo en busca de sí mismo. Viven en bellas residencias, pero nunca encontraron una residencia dentro de sí mismos.

¿Tiene usted en su mente la bomba del SPA? Si la tiene, es preciso desactivarla. Quien piensa en exceso, sin ninguna administración por parte del Yo, reitero, sufre un desgaste cerebral altísimo, con graves consecuencias para su futuro profesional, emocional y social.

Podemos acelerar todo en el mundo exterior con ciertas ventajas: los transportes, la automatización industrial, la velocidad de la información en las computadoras, pero nunca deberíamos acelerar la construcción de pensamientos. El fenómeno de autoflujo, que debería ser la mayor fuente de entretenimiento, motivación e inspiración del *Homo sapiens*, se convirtió en la mayor fuente de estrés, ansiedad y síntomas psicosomáticos.

NIVELES DE GRAVEDAD DEL SPA

Primer nivel: vivir distraído

Se trata de aquella persona que se sienta frente a nosotros y parece que nos está oyendo, pero de repente comienza a hacer movimientos repetitivos con los dedos o a golpear las manos sobre las piernas.

Tenga la seguridad de que esa persona "viajó" y no escuchó casi nada de lo que dijimos.

Los distraídos forman parte de un gran grupo. Miran en una dirección, pero están desconectados. Leen un texto, pero no retienen nada. Como vimos, tienen un Yo desconectado, desconcentrado.

Segundo nivel: *no disfrutar el viaje*

Se trata de aquella persona que se sienta a leer una revista o libro y siempre comienza a leerlos de atrás para adelante. Tiene tanta agitación mental que no tiene paciencia para seguir la trayectoria normal.

Dicha persona, en sus proyectos, no disfruta del recorrido. No ve la hora de llegar al punto final. Las personas con este nivel de spa, incluso aunque luchen por el éxito, cuando lo alcanzan no lo celebran. Parten hacia una nueva jornada. Son verdugos de sí mismas. No se conceden el derecho de la tregua. Sólo saben "guerrear", no saben vivir tiempos de paz.

Al mismo tiempo que son inteligentes, son incoherentes consigo mismas. No disfrutan de su propio éxito; quienes lo disfrutarán serán sus hijos, yernos y agregados.

Tercer nivel: *cultivar el tedio*

Se trata de aquella persona que está tan estresada que, cuando alguien la invita a una fiesta, se llena de júbilo. No ve la hora de salir del trabajo e irse a arreglar. Sin embargo, cuando llega a la fiesta, los problemas no tardan en aparecer.

La velocidad de sus pensamientos es mayor que los movimientos de la fiesta. Comienza a tronarse los dedos, a mirar hacia los lados, a inquietarse. Cinco minutos después, está tan aburrida y estresada que da un grito: "¡Vámonos ya!".

En este nivel del spa, la persona siempre está buscando algo que no existe fuera de ella. Sólo adentro. Tales individuos le tienen horror a la rutina. Todo los cansa pronto. Es difícil que se relajen y disfruten del ambiente. Por lo general piensan que los demás son superficiales, con una conversación fastidiosa.

Cuando están en casa, toman el control de la televisión y vuelven loco a todo el mundo. Cambian de película y de programa a cada minuto. Y su mente es tan rápida que detestan los comerciales.

Cuarto nivel: no soportar a los lentos

Este grupo está representado por aquellas personas que se ponen tensas o irritadas al convivir con personas lentas. Son impacientes con quien no "capta" rápido las cosas, con quien no tiene actitud, con quien se tarda en percibir los problemas y aportar soluciones.

Las personas con este nivel de spa no logran enseñar dos o tres veces, porque pierden la paciencia. Piensan que sus compañeros de trabajo tienen algún problema mental, un coeficiente intelectual (ci) bajo o son retardados, ya que no consiguen seguir su ritmo ni su raciocinio. No entienden que, por lo común, las personas que las rodean no son lentas; ellas son las que van demasiado rápido. Son ellas las que son demasiado eficientes, proactivas, determinadas, emprendedoras. Y seguirles el paso es una tarea dantesca.

Los profesionistas con este nivel de spa quieren que todos sean tan rápidos y estresados como ellos, que vivan el mal del siglo. Son excelentes para las empresas, pero de nuevo afirmo: son verdugos de sí mismos. Tendrán una gran oportunidad de ser los más ricos de un cementerio o los más perfectos en la cama de un hospital. ¿Vale la pena?

Quinto nivel: preparar las vacaciones diez meses antes

Este nivel de spa representa al grupo de personas que están tan ansiosas con la alucinante velocidad de sus pensamientos, que toman el calendario y comienzan a planear sus vacaciones diez meses antes. Eso porque las anteriores no les proporcionaron descanso. En algunos casos, las dejaron más estresadas.

Una persona con este nivel de spa es inquieta, cuenta los días y los meses y espera con ansiedad las benditas vacaciones. El mes anterior a ellas, su humor mejora. Cuando llega el último día de trabajo, abraza a sus compañeros de trabajo y dice para sí: "Quédense en el fuego, estresados: ¡yo me voy!".

Todo parece perfecto. Serán las mejores vacaciones de su vida, hasta que comienza a hacer las maletas. Ya en la preparación, piensa que el equipaje es excesivo y estresa a los hijos y a la pareja.

Debería comenzar a relajarse en el trayecto, pero se desanima con los pésimos conductores que encuentra por el camino. Se impacienta en el tránsito, acelera, frena, provoca arrancones. No mira al horizonte, no contempla el paisaje. Quiere llegar a su destino, ponerse ropa ligera y calzar sus sandalias. Pronto se sentirá aliviada.

El primer día de vacaciones, ese individuo no sabe por qué, pero no se relajó. Al segundo día está tan irritado que parece un gerente financiero cobrándoles todo a todos. Al tercer día, sus hijos y su pareja ya no lo soportan. Al cuarto, ni él se aguanta. Al quinto, está tan afectado por el SPA que quiere volver al campo de batalla, al trabajo, pues sólo se siente vivo si está guerreando.

Sexto nivel: hacer de la jubilación un desierto

El sexto nivel de SPA representa a la persona que piensa con ansiedad en el retiro. Cuenta mes tras mes, año tras año, el tiempo que le falta para salir del caldero de estrés de su trabajo. Sus compañeros le caen bien, pero ya no soporta verles las caras. Le dan escalofríos cuando su jefe se le aproxima. Si se trata de un jefe, cuando piensa en exigir metas a sus colaboradores, le da insomnio.

Cualquier cosa le irrita. No disfruta su empresa. Ya no ama los desafíos. Si es un profesor, el barullo del salón de clases le parece una cámara de tortura. Sueña con las vacaciones como el sofocado sueña con el oxígeno. Piensa en pescar, pasear, sentarse en la terraza de su casa, leer libros.

Después de la travesía por el desierto, la vida será un oasis, imagina.

Después de una espera prolongada, llega por fin el gran momento: la merecida jubilación. Los amigos le hacen una fiesta. La persona está con el humor por todo lo alto. La primera semana es maravillosa: visita amigos, cuida las plantas, lee algunos textos. Pero las semanas pasan, los meses corren, y el spa lanza un contragolpe.

El perro comienza a enfadarlo, los vecinos se vuelven serios, ya no hace nuevos amigos, comienza a sentirse inútil, no sabe conversar sobre lo trivial, sólo sabe hablar de trabajo y vivir bajo presión y exigencias.

No se preparó para disfrutar la vida, descansar, contemplar lo bello. El resultado de más de tres décadas de trabajo son la depresión y las enfermedades psicosomáticas. El oasis de la jubilación aumentó la temperatura de su ansiedad.

§

Claro, hay excepciones. No todos están en estos niveles del spa, pero estoy diciendo una verdad que afecta, en mayor o menor grado, a millones de personas. Quien vive en guerra en el trabajo y en su mente se obsesiona en batallas. Nunca se olvida de que su cuerpo se jubila, porque su mente jamás lo hace.

Debido a los altos niveles de spa, las personas son muy activas en la actualidad. Están en pleno vigor intelectual a los sesenta, setenta u ochenta años. Y con frecuencia tienen una necesidad vital de continuar sintiéndose útiles a la sociedad. No se pueden jubilar sin prepararse para tener una segunda jornada de placer, ocio, sueños, trabajo filantrópico o remunerado. En caso contrario, se enferman y enferman a sus seres cercanos.

13

Las graves consecuencias del SPA

Las consecuencias emocionales, intelectuales, sociales y físicas del SPA son enormes. Es probable que algunas nos dejen atónitos. No siempre se manifiestan en el presente, pero con certeza aparecerán en el futuro. Voy a destacar las consecuencias emocionales.

ENVEJECIMIENTO PRECOZ DE LA EMOCIÓN: INSATISFACCIÓN CRÓNICA

Cada vez que hiperaceleramos los pensamientos, la emoción pierde en calidad, estabilidad y profundidad. Son necesarios aún más estímulos, aplausos y reconocimiento para sentir migajas de placer. Es grande la posibilidad de que quien experimenta un alto nivel de SPA mendigue el pan de la satisfacción, aunque viva debajo de los reflectores de los medios.

Una mente hiperpensante degenera la emoción de manera precoz, lo que genera un estado incómodo bien caracterizado: frecuentes reclamos, irritabilidad ante los imprevistos, impaciencia con quien no piensa lo mismo o no tiene el mismo ritmo, déficit de motivación, falta de disciplina para ir detrás de los sueños, dificultad para disfrutar del propio éxito. Una persona emocionalmente rica y joven desde el punto de vista psiquiátrico es capaz de contemplar lo bello, disfrutar de la vida, canturrear por la mañana, hacer de las pequeñas cosas un espectáculo para los ojos.

Por desgracia, hay jóvenes de diez, doce, quince o veinte años con una edad emocional más avanzada que muchos ancianos de ochenta o noventa años. Tienen un Yo inflexible y autosaboteador. Son especialistas en criticar a los demás, lo que representa el síntoma más evidente de una emoción envejecida. Quieren todo ahora. Perdieron el vigor de la vida, no tienen motivación para aventurarse, construir oportunidades, comenzar todo de nuevo después de tropezar.

Ante el espejo, libran una guerra señalando sus defectos, jamás exaltando sus cualidades. Viven condicionados al tiránico estándar de belleza impuesto por los medios. No saben que la belleza está en los ojos de quien mira. No elogian a sus padres y profesores. Ni siquiera agradecen la vida o se autopromueven. Su emoción fluctúa entre el cielo y el infierno: en un momento están felices; en otro, malhumorados.

Si muchos jóvenes tienen la emoción envejecida, imagine a los adultos mentalmente acelerados. Varios se encuentran en un asilo emocional. Son miserables en el territorio de la emoción. Algunos manejan empresas o ejercen su profesión con maestría, pero son incapaces de administrar lo que considero la empresa más compleja: la mente humana. Exigen todo y de todos. Ponen su calidad de vida en los últimos lugares de su agenda.

Por fortuna, la emoción humana puede y debe rejuvenecer. Por suerte, todos los días podemos relajarnos y aprender a hacer mucho de poco. Por eso, hay ancianos con una edad biológica de ochenta años, pero con un vigor increíble. Aman la vida, salir, viajar, aventurarse, conocer personas, inventar y reinventarse. Desarrollaron, por intuición, un Yo gerente, que no se somete al miedo a la muerte, al pesimismo, al sufrimiento anticipado. Para ellos, la vida es un espectáculo, aun cuando atraviesen por crisis.

RETRASO DE LA MADUREZ DE LA EMOCIÓN

Jamás debemos olvidar ese mecanismo: cuando una persona tiene un SPA grave y su Yo es incapaz de administrar los pensamientos en forma mínima, el proceso de elaboración de las experiencias, que contienen pérdidas, decepciones, derrotas, límites, queda muy afectado. El fenómeno RAM no forma núcleos saludables de ventanas *light* en la corteza cerebral para dar sustentabilidad a las complejas funciones de la inteligencia, como la proactividad, la autodeterminación, la resiliencia, la tolerancia.

¿La consecuencia? No sólo el envejecimiento precoz de la emoción, como abordé en el apartado anterior, sino también el retardo de la madurez. ¿Puede imaginar a un ser humano adulto con una emoción envejecida y, al mismo tiempo, inmadura?

¿Usted conoce ejecutivos, médicos, psicólogos, abogados, periodistas o políticos que no pueden ser contrariados, criticados, confrontados? Son ejemplos de personas sin juventud emocional e inmaduras desde el punto de vista intelectual. Son insatisfechos crónicos, están siempre desanimados, se quejan de todo —por lo tanto, están envejecidos— y tienen un comportamiento autoritario, no pueden ser desafiados, jamás reconocen sus errores ni piden disculpas.

El egocentrismo, el egoísmo y el individualismo no han sido nunca señales de poder: y sí son síntomas de una psique envejecida y, al mismo tiempo, infantil. Todos los dictadores actúan como niños en términos de madurez.

La inmadurez emocional acompaña a algunas necesidades neuróticas: de poder, de tener siempre la razón, de no saber lidiar con los límites, de controlar a los demás, de querer todo rápido y de ser el centro de las atenciones sociales.

Con sinceridad, no conozco a una persona que sea por completo madura, ya sea en el campo de la filosofía, de la espiritualidad, de la medicina o de la psicología. Si nos analizamos a profundidad, apreciaremos alguna inmadurez. Todos necesitamos revisar nuestra historia. Algunas personas son encantadoras fuera de los núcleos de tensión, pero cuando atraviesan por algún tipo de estrés, se vuelven irreconocibles.

Un Yo maduro y empático (sabe ponerse en el lugar de los demás) obtiene placer en el altruismo, promueve a las personas, enriquece la autoestima y, además, no vende su paz por un precio vil; sabe, en fin, protegerse.

Debido al spa, los niños y los adolescentes están perdiendo colectivamente la ingenuidad, la creatividad, la capacidad de superación de los conflictos y de adaptación a las adversidades. No saben escuchar un "no", llorar, atravesar crisis, ser abandonados por sus parejas. La paciencia es un artículo raro. Necesitan de estímulos prolongados, elaborados, como un platillo *à la carte*, y no como una hamburguesa.

Quien no lucha por sus sueños y quiere todo rápido será un niño eterno. No en vano muchos profesionistas de cuarenta años tienen la madurez emocional de un joven de dieciocho. Muchos adolescentes de dieciocho tienen una edad emocional de un niño de diez.

Es fundamental transformar el Síndrome del Pensamiento Acelerado para nutrir la madurez emocional y tener así una mente libre y realizada. En caso contrario, la palabra felicidad estará en los diccionarios, pero nunca formará parte de los textos de nuestra historia.

Muerte precoz del tiempo emocional

El tiempo para la emoción no es el mismo que para la física. Una de las más graves consecuencias del spa es la muerte prematura de la emoción o, mejor, de la percepción del tiempo. Para explicar ese fenómeno, déjeme ejemplificarlo. ¿Vivimos más o menos que los habitantes de la Edad Media? La respuesta es obvia. Desde el punto de vista biológico, vivimos mucho más, el doble. En aquellos tiempos, la expectativa media de vida era de cuarenta años. Una amigdalitis podía generar una grave infección, pues no había antibióticos. Hollywood retrata de manera distorsionada a las mujeres de la corte de la época: glamorosas, relucientes. En realidad, muchas princesas, a los 20 años de edad, ya habían perdido los dientes y tenían que andar con los labios cerrados.

Hoy, vivimos, en promedio, de setenta a ochenta años y estamos progresando, pero permítame hacer otra pregunta: desde el punto de vista emocional, ¿vivimos más o menos que los griegos, romanos, o de lo que se vivía en la Edad Media? El Síndrome del Pensamiento Acelerado nos lleva a vivir la vida tan rápido en nuestra mente, que distorsiona nuestra percepción del tiempo. Vivimos más tiempo en términos biológicos, pero morimos más temprano en términos emocionales. Ochenta años hoy transcurren más rápido que veinte años en el pasado. La medicina prolongó la vida, y el sistema social contrajo el tiempo emocional.

¿No le parece que dormimos y de repente nos despertamos a esta edad? ¿No cree que nuestra existencia ha transcurrido rapidísimo? Estamos tan atontados con las actividades mentales y profesionales, que no tenemos tiempo para disfrutar, digerir y asimilar las experiencias existenciales. Como dije, estamos en la era del *fast-food* emocional, engullimos nuestros nutrientes. No sabemos amar, dialogar, escuchar, soñar, interiorizar, charlar.

¿No siente que los meses y los años vuelan? Eso es grave. Uno de nuestros mayores desafíos es dilatar el tiempo.

¿Pero quién tiene un Yo entrenado para expandir la percepción del tiempo? Ni siquiera sabemos qué hacer con el tedio. Los niños están tan acelerados que, cuando se quedan cinco minutos sin actividad, reclaman: "¡No tengo nada que hacer en esta casa!". Estamos obsesionados con actividades, información, celulares, encaprichados en asfixiar el tiempo, en pensar.

Debemos vivir las experiencias en forma lenta y suave, como cuando saboreamos un helado al sol cálido del verano. Nuestro Yo debe hacer de un día una semana, de una semana un mes, de un mes un año. Las personas ansiosas, impacientes, inquietas, que detestan la rutina y quieren todo de inmediato no verán la vida pasar; son los peores enemigos de su emoción. ¿Y yo? ¿Y usted?

DESAMPARO EMOCIONAL Y DESARROLLO DE TRASTORNOS PSIQUIÁTRICOS

Otra consecuencia del SPA es el desamparo de la emoción. Una persona agitada e hiperpensante no adquiere la habilidad de filtrar los estímulos estresantes. Tiene una enorme facilidad para formar ventanas *killer*. Su emoción se vuelve tierra desolada, sin propietario. Cualquier calumnia, crítica o injusticia la derrota. Las pérdidas y las decepciones la afectan tanto que convierten en un desierto su día, su semana, su mes y, a veces, su vida. El fenómeno del autoflujo la domina, lee y relee esas experiencias y transforma su mente en un infierno.

Una persona sin protección emocional tiene posibilidades de desarrollar hipersensibilidad. No sólo se preocupa por el dolor ajeno, sino que vive ese dolor; no sólo piensa en el mañana, sino que sufre por el futuro. Y, además, tiene una preocupación exagerada por su imagen social, por lo que los demás piensan de ella, sobre todo en la actualidad, en donde no hay privacidad en internet. Por todo eso, tiene una mayor facilidad de intensificar el SPA y provocar o desarrollar depresión, síndrome de pánico o enfermedades psicosomáticas.

He ayudado a celebridades y personas multimillonarias preocupadas por su integridad física. Circulaban en autos blindados y con guardaespaldas, pero no habían aprendido a proteger su emoción. No construían un seguro contra los estímulos estresantes causados por los demás o contra los creados en su propia mente. No sabían siquiera transformar sus pensamientos autopunitivos, su excesivo autocastigo, sus asfixiantes preocupaciones. A pesar de vivir como reyes, mendigaban tranquilidad y alegría.

Muchas personas no dejan basura en el auto, en la cocina, en la oficina o en el dormitorio, pero admiten acumular basura en el espacio más fascinante: el de la propia mente. ¿No es eso una paradoja? ¿Cómo no ser víctimas de la ansiedad, si somos ociosos en el único lugar donde es inadmisible dejar de actuar?

Cualquiera coloca una tranca en la puerta de su casa, incluso en los países más seguros. Pero su personalidad es una casa sin protección. Una emoción desprotegida tiene un Yo fluctuante. Los momentos alegres se alternan con tristes, el buen humor se alterna con el aislamiento, la seguridad y los celos forman parte del mismo menú.

Recuerde siempre: nuestros peores enemigos no están fuera de nosotros. En esta sociedad estresante, es vital desarrollar habilidades para administrar los pensamientos; en caso contrario, nuestra emoción será un barco a la deriva, un vehículo sin dirección. Es casi imposible no accidentarse. Y no hay posibilidad de no entrar en ese vehículo, pues nosotros somos el vehículo.

Otras consecuencias del spa

Además de todas las consecuencias emocionales que el Síndrome del Pensamiento Acelerado puede causar, hay otras igual de importantes, que comento a continuación en forma breve.

Enfermedades psicosomáticas

La ansiedad crónica (continua) puede causar innumerables síntomas y enfermedades psicosomáticas, hipertensión, taquicardia, caída del cabello y enfermedades autoinmunes. Incluso, es probable que desencadene, acelere o influya en la evolución de determinados tipos de infartos y de cáncer.

Compromiso de la creatividad

Una persona con una mente hiperacelerada tiene mayor dificultad para abrir las ventanas de la memoria y elaborar respuestas brillantes para las situaciones estresantes. Pensar en exceso bloquea la inventiva y la imaginación.

Compromiso del desempeño intelectual global

A largo plazo, el SPA afecta el proceso de observación, asimilación, recuperación y organización de datos. Las pruebas orales y escritas pueden verse afectadas en forma grave por una mente hiperpensante e hiperpreocupada por su rendimiento intelectual y por la opinión de sus padres y profesores. El estrés crónico (permanente) del SPA puede dificultar la apertura de las ventanas de la memoria.

Deterioro de las relaciones sociales

Una mente hiperacelerada tiene tendencia a ser impulsiva, a no pensar antes de reaccionar y a tener un bajo nivel de paciencia con hijos, amigos, cónyuge, compañeros de trabajo. Ese comportamiento compromete la afectividad, la estabilidad y la profundidad de las relaciones interpersonales. Muchas parejas comienzan su relación en el cielo del afecto y terminan en el infierno de las desavenencias.

Dificultad para trabajar en equipo y cooperar socialmente

Una mente agitada tiene mayor dificultad para expresar sus pensamientos, debatir ideas, promover a sus compañeros, ser simpática (agradable) o empática (mirar a través de los ojos de los demás). Y, como vimos, una persona hiperpensante presiona a todos a que sigan su ritmo alucinante. Una exigencia casi imposible para los "simples mortales". El spa compromete la salud psíquica de un ser humano, el futuro de una empresa, el pib (producto interno bruto) de un país y la sustentabilidad del medio ambiente y de la especie humana.

14

Cómo administrar el Síndrome del Pensamiento Acelerado

Parte I

Abordaré ocho técnicas importantísimas para combatir el mal del siglo: la ansiedad derivada del Síndrome del Pensamiento Acelerado. No es fácil resolverlo por completo en esta sociedad tan estresante, rápida, agitada. Pero, si no fuera posible eliminarlo, necesitamos y debemos administrarlo, por lo menos. Nuestro futuro emocional, social y profesional puede estar ligado en forma íntima a nuestro éxito en esa tarea. Dividiré estas técnicas en dos partes.

1. Capacitar al Yo para ser el autor de nuestra propia historia

En todo el mundo, los gimnasios ejercitan el cuerpo, los colegios enseñan habilidades técnicas, y las autoescuelas enseñan a conducir vehículos, pero casi no hay escuelas que eduquen y entrenen al Yo para dirigir el más complejo de todos los vehículos, la mente humana.

Capacitar al Yo para ser el administrador psíquico no sólo es vital para la desaceleración del pensamiento; también es fundamental para promover una emoción saludable y una mente creativa. Pero esa capacitación parece algo inalcanzable en esta sociedad excluyente. Sin embargo, ¡es posible! ¿Su Yo está capacitado? Dado que tenemos un rico sistema sensorial que nos conecta con el mundo externo, nos obsesionamos en actuar en él y no nos preparamos para intervenir en los terrenos psíquicos. Dejamos esa responsabilidad para la psiquiatría clínica y la psicoterapia cuando ya estamos enfermos, o incluso para la espiritualidad, la filosofía y los autores de autoayuda. Cometemos errores graves por no haber desarrollado herramientas psiquiátricas, psicológicas, psicopedagógicas y sociológicas para prevenir los trastornos emocionales y potencializar las funciones más importantes de la inteligencia.

Cuando surge un nuevo virus, la OMS y científicos de innumerables universidades se movilizan para evitar una epidemia. No obstante, no nos desesperamos por la falta de tecnología para prevenir las fobias, la depresión, la anorexia, el pánico, el *bullying* y el mal del siglo, el SPA. Millones de personas son afectadas por esos síntomas en las sociedades modernas, y parece que estamos hibernando.

La OMS, los científicos y profesores de todas las universidades deberían movilizarse ante la necesidad vital de administrar los pensamientos, proteger la emoción, filtrar estímulos estresantes, mirar a través de los ojos de los demás, pensar como humanidad. Nuestra especie está en crisis a causa no sólo de los ataques terroristas, la epidemia de las drogas, la violencia urbana, la violencia en las escuelas, la violencia contra las mujeres, el consumismo, la pedofilia y la discriminación, sino por la hiperconstrucción de pensamientos, que violenta nuestra mente e incapacita al Yo como administrador de nuestra psique.

Usted debe elegir si se quedará mirando en forma pasiva los pensamientos producidos por los fenómenos inconscientes (el detonador, las ventanas de la memoria y, en especial, el autoflujo), o si asumirá el papel de director del guion de su historia. Dependiendo de su decisión, las técnicas que se comentan a continuación podrían ser vitales.

Nunca seremos por completo dueños de nuestro propio destino, como Jean-Paul Sartre y el resto de los existencialistas soñaban. Nunca seremos por completo autónomos, como Paulo Freire anhelaba. Pero no tenemos las manos atadas. Podemos y debemos dejar de ser meros actores secundarios y asumir el papel del actor principal del teatro mental.

Si nuestro Yo estuviera dotado para conocer la última frontera de la ciencia, el proceso de construcción de pensamientos, y educado para administrar nuestro intelecto, las prisiones, por lo menos la mayoría, se convertirían en museos, muchos policías se volverían poetas, muchos psiquiatras y psicólogos tendrían tiempo para cultivar flores. ¿Y las guerras? Las guerras cambiarían de estilo, ya no se usarían armas para hacer correr la sangre, y sí ideas para dotar de amor, altruismo y tolerancia al mundo. Pensaríamos ya no como feudos, sino como una familia humana.

2. Ser libre para pensar, pero no esclavo de los pensamientos

Ser libre para pensar es muy diferente a ser esclavo de los pensamientos. Ser libre en nuestra mente es liberar la imaginación, innovar, atreverse y proponer nuevas ideas. Es seducir a nuestros alumnos, impactar a nuestros hijos y sorprender a quien elegimos para compartir nuestra historia. Es decir palabras nunca dichas y tener comportamientos inesperados. Por ejemplo, decir a quien amamos: "Gracias por existir"; a quien nos ha decepcionado: "A pesar de haberme frustrado, apuesto que vas a brillar".

Por el contrario, ser esclavo del SPA es no tener defensa contra el pesimismo, el conformismo, la autoconmiseración, el autoabandono, el autocastigo, el sentimiento de culpa, la agitación mental. Es ser asfixiado por dentro y no reaccionar. Es ser aterrorizado en la propia mente y quedarse callado. Para liberarnos de esas cárceles, debemos desarrollar una genialidad no genética.

Mis libros son utilizados en institutos para genios (superdotados) para ayudarlos a desarrollar habilidades que les faltan y volverlos productivos, pero estoy seguro de que todos podemos desarrollar una genialidad que sobrepase a la proporcionada por los genes. Cuando un ser humano aprende a ponerse en el lugar del otro y a exponer, y no imponer, sus ideas, se vuelve un genio de la empatía. Cuando aprende a tener resiliencia, se convierte en un genio en su capacidad de trabajar las pérdidas. Cuando decide ser libre y transformar el caos en una oportunidad para crecer, se transforma en un genio de la innovación y la creatividad.

3. Administrar el sufrimiento anticipatorio

Una de las tareas más importantes del Yo es administrar, todos los días, los pensamientos que debilitan y bloquean la inteligencia, en especial aquellos que le imprimen estrés por anticipar el futuro. Sin embargo, es sorprendente cómo nuestro Yo hace el velorio antes de tiempo.

Muchos son críticos del misticismo, pero se comportan como adivinadores de segunda categoría. Sufren por las previsiones de su mente. Más de 90% de nuestras preocupaciones sobre el futuro no se materializarán. Y el otro 10% ocurrirá de manera distinta a como nos imaginamos. No es posible tener una emoción estable y saludable sin dar un golpe de lucidez a las preocupaciones diarias que nos asaltan. El Yo puede y debe impugnar y discrepar con los pensamientos de pésima calidad. No hacerlo es ser ingenuo, es no saber que el fenómeno RAM está imprimiéndolos.

Nada le pone tanto combustible en el mal del siglo, la ansiedad generada por el spa, como sufrir por lo que todavía no ha sucedido. Nuestro Yo debe pensar en el mañana sólo para soñar y desarrollar estrategias para superar desafíos y dificultades. Pero, por desgracia, muchos se ensombrecen con el futuro. Sabotean su calidad de vida en el presente.

4. Depurar la mente a través de la técnica del DCD

Hacer una depuración mental es tanto o más importante que la higiene bucal o corporal. Sin aprender a realizarla, no es posible aliviar el Síndrome del Pensamiento Acelerado y mucho menos reeditar las ventanas *killer* o traumáticas.

Una excelente herramienta para realizar una depuración mental eficiente, que hemos preconizado en más de sesenta países, es la técnica del DCD (dudar, criticar y decidir).

¿Por qué la duda es fundamental? Porque es el principio de la sabiduría en la filosofía. Nadie ha liberado su creatividad, roto paradigmas y producido ideas importantísimas si no ha aprendido, aun de manera intuitiva, a manipular el arte de la duda. Todo aquello en lo que creemos nos controla; si lo que creemos es enfermizo, podrá enfermarnos toda la vida. Dudar del control del miedo, de la inseguridad, de la ansiedad, de la impulsividad, de la irritabilidad, de la baja autoestima es fundamental para superarlos.

¿Y por qué es vital la crítica? Porque la crítica y la autocrítica son los cimientos de la sabiduría en la psicología. Criticar cada pensamiento perturbador y cada emoción angustiante, así como la pasividad del Yo, es nutrir la lucidez y la madurez psíquica. Muchos son excelentes para criticar a los demás, no dejan pasar nada en blanco, al punto de volverse difíciles de soportar, pero son incapaces de hacer una autocrítica. Son candidatos a dioses, poseen un Yo inflexible, jamás cuestionan su rigidez, su mente agitada o sus pensamientos mórbidos.

Y, para completar la técnica, debemos aplicar la determinación estratégica. Esa herramienta es el principio de la sabiduría en el área de recursos humanos. La determinación es la fuente de la disciplina, de la autodeterminación, de la capacidad de luchar por las metas. Sin disciplina, nuestras metas se vuelven motivaciones superficiales, y no proyectos de vida. Sin autodeterminación, nuestros proyectos se diluyen al calor de las dificultades.

La técnica de DCD no sustituye al tratamiento psicológico, pues es una técnica educativa, pero hace que la depuración mental sea efectiva. ¿Cada cuánto tiempo tomamos un baño, en promedio? En 20 mil sesiones de psicoterapia y consultas psiquiátricas que realicé, presencié enfermedades sorprendentes. Tuve una paciente que tomaba un baño cuarenta veces al día. Después de salir del baño y secarse, dos fenómenos inconscientes que construyen pensamientos en milésimas de segundo entraban en escena: el detonador de la memoria y la ventana *killer*. Cuando ella se secaba, el detonador abría la ventana *killer* de que la toalla estaba sucia. De ese modo, cerraba el circuito de la memoria, y el Yo, amordazado por la ansiedad, repetía el ritual del baño.

En promedio, tomamos un baño cada veinte horas y hacemos higiene bucal cada cuatro o seis horas. Recordemos: ¿y cuánto tiempo tenemos para realizar la depuración mental? No podemos olvidarla. Como máximo, cinco segundos. Cuando producimos una emoción o un pensamiento angustiante, debemos, en el silencio de nuestra mente, en cuanto la ventana está abierta y siendo impresa por el fenómeno

RAM, aplicar la técnica del DCD. En caso contrario, todo lo que es registrado ya no podrá ser borrado, sólo reeditado.

Pero es increíble cuán lentos y tímidos somos en nuestra mente. No por nada es fácil enfermarse. Debemos voltear la mesa cuando algo atenta contra nuestra tranquilidad. Es como dar frecuentes gritos silenciosos de libertad. ¿Cómo? ¿Qué palabras usar? No hay reglas. Debemos aplicar la técnica del DCD a diario y de manera libre, usando nuestra propia cultura y capacidad.

Innumerables personas de varios países mejoraron su calidad de vida, aliviaron su ansiedad y recuperaron el liderazgo del Yo a través del uso de esa técnica psicológica y pedagógica preventiva. He recibido muchos mensajes de personas que, al usarla de forma cotidiana, se reinventaron y hasta superaron sus ideas de suicidio y dejaron de ser esclavas de su emoción. La DCD también ha sido utilizada por pacientes como complemento del tratamiento psiquiátrico y psicoterapéutico que realizan.

Dudar de todo lo que nos aprisiona, criticar cada pensamiento que nos hiere y determinar de manera estratégica adónde queremos llegar en nuestra calidad de vida y en nuestras relaciones sociales son tareas fundamentales del Yo. Recuerde que dudar y criticar vienen antes de determinar; en caso contrario, el DCD se volverá una técnica de autoayuda sin sustentabilidad, y no una técnica científica y efectiva.

15

Cómo administrar el Síndrome del Pensamiento Acelerado

Parte II

5. Transformar las falsas creencias

Las falsas creencias son más poderosas que los pensamientos eventuales y las emociones angustiantes. Estos últimos pueden construirse a partir de pequeñas plataformas de ventanas de tensión, mientras que las falsas creencias son núcleos *killer* de la habitación del Yo y, por lo tanto, generan verdaderas prisiones.

Ejemplos de falsas creencias: sentimiento de incapacidad, complejo de inferioridad, timidez, conformismo, necesidad neurótica de ser perfecto (autoexigencia), pensamiento convencido de que se está programado para sentirse deprimido, fobia social, dependencia, ansiedad. Hay individuos complacientes con los demás, pero implacables consigo mismos. Viven castigándose, pues tienen la necesidad ansiosa de ser el mejor profesionista, el mejor amigo, el mejor padre o la mejor madre. Existen otros que creen que serán tímidos toda la vida, que tendrán dificultad para hablar en público y debatir sus ideas. Hay quienes piensan que están condenados a ser depresivos o convivir con su claustrofobia para siempre.

No pocos son seres humanos maravillosos, inteligentes, generosos, pero no para sí. Viven en calabozos que, muchas veces, fueron creados por ellos mismos. Como estudiamos, el pensamiento, por ser virtual, hace de la verdad un fin intangible, pero las falsas creencias tienen el poder de transformar la irrealidad en verdad absoluta, con lo que crean prisiones psíquicas para el Yo, que pueden perdurar por toda la existencia. Al producir cárceles psíquicas, tales creencias nutren al SPA.

El Yo autosaboteador de esas personas está siempre construyendo trampas para que ellas vivan como miserables, aunque sean admiradas por la sociedad. Aplicar a diario la técnica del DCD sobre las falsas creencias es vital para reeditar los núcleos enfermizos de habitación del Yo.

Otra técnica poderosa es la mesa redonda del Yo. En esa técnica, el Yo se reúne cada día, en el silencio de nuestra mente, con nuestras falsas creencias. Y en esa reunión establece un diálogo contundente o, mejor, una conversación franca, sincera, honesta, un debate con las mentiras, conceptos distorsionados y paradigmas infundados de las falsas creencias.

La técnica del DCD se aplica en los núcleos de tensión, cuando las emociones y los pensamientos perturbadores producidos por las falsas creencias están en escena; la técnica de la mesa redonda del Yo se realiza fuera del núcleo de tensión, cuando el "monstruo" está hibernando, es decir, cuando el núcleo *killer* no está abierto. La técnica del DCD reedita las ventanas *killer*, y la técnica de la mesa redonda del Yo construye ventanas *light* paralelas alrededor del núcleo traumático.

Esas dos técnicas son poderosas para quien quiera salir del público, entrar en el escenario de la propia mente y ejercer los papeles solemnes de administrar pensamientos, proteger la emoción y filtrar estímulos estresantes.

6. No ser una máquina de trabajar: el más eficiente en la cama de un hospital

La sexta herramienta para aliviar el Síndrome del Pensamiento Acelerado va al encuentro de las personas más realizadas en el ámbito profesional. Como ya comenté, los mejores profesionistas no paran nunca, están obsesionados con trabajar, realizar actividades, construir e inventar. Ser un emprendedor es vital para ser un constructor de proyectos, pero serlo en exceso es la mejor forma de destruir la propia salud emocional. Parece que esos profesionistas desean, aun cuando no en forma consciente, ser los más ricos... del cementerio.

Saben con claridad que son mortales, pero viven como si fueran eternos, como si fueran a perdurar miles de años. No hay duda de que en algunos momentos de nuestra historia profesional tenemos que sacrificarnos, aprovechar las oportunidades, trabajar mucho, incluso en días festivos y fines de semana. Sin embargo, ese sacrificio tiene que ser temporal y durar meses o, como máximo, algunos años.

Nadie es inalcanzable. Algunos trabajan en exceso durante décadas, pero no para lucrar, sino para suplir las necesidades de los demás y enriquecer su sentido existencial. Hay religiosos y filántropos que se entregan a los desvalidos, lo cual es algo noble. Pero, aunque sean felices ayudando a otros, el "precio" es alto; el altruismo no administrado es desgastante. No es posible darse en exceso y tener un cerebro intacto.

Incluso una mente brillante como la del maestro de maestros sufrió hace dos milenios un desgaste emocional sin precedentes en su última noche. Un análisis psicológico y no teológico de sus comportamientos demuestra que él anticipó el drama que se desarrollaría al día siguiente, se preparó para soportar lo insoportable y, por fin, hiperaceleró sus pensamientos y tuvo hematidrosis (sudor sanguinolento), un síntoma raro producido por un estrés violentísimo. Casi se infartó antes de morir en el madero, ante la sentencia romana. Pero no se entregó a la ansiedad, protegió su emoción, administró sus pensamientos e hizo poesía del caos. Es muy probable que los millones de personas que lo valoran en las más diversas religiones no hayan estudiado los mecanismos mentales que él utilizó en los momentos de tensión. Muchas viven en el fango de la ansiedad.

La utilización de esos mecanismos explica su fenomenal capacidad de lucidez para rescatar a su alumno más culto en el momento en que éste lo traicionó. Tuvo el coraje de llamar amigo a Judas y hacerle una pregunta, lo que, como vimos, es el principio de la sabiduría en la filosofía: "Amigo, ¿a qué viniste?". Eso indica que tenía miedo no de ser traicionado, sino de perder a un amigo. ¿Qué maestro era ése que invertía todo lo que tenía en quien lo decepcionaba? Por desgracia, Judas entró en una ventana *killer* doble P, que le generó una intensa culpa, le cerró el circuito de la memoria y secuestró su Yo en el único lugar en el que jamás debía vender su libertad. Judas tenía vocación social, quería ayudar a los demás, pero falló cuando tuvo que protegerse, fue un verdugo de sí mismo.

Muchos científicos pasan la vida investigando, día y noche, para producir conocimientos, incluyendo vacunas, y aliviar el sufrimiento ajeno. Poseen una motivación incontrolable de contribuir con la humanidad. No obstante, no administran su estrés ni se protegen a sí mismos. Se encierran en su mundo, y no pocos enferman.

Con mucha humildad, para producir el Freemind, un programa mundial gratuito lanzado en Estados Unidos para maestrías, doctorados y líderes de más de treinta países, y que contiene doce herramientas para contribuir al desarrollo de una mente libre y de una emoción saludable, tuve que trabajar durante muchos fines de semana y reducir horas de descanso, incluso durante las fiestas de fin de año. Pero estaba consciente de que era algo temporal, y por una buena causa.

Hay varios tipos de profesionistas fundamentales enfocados en la sustentabilidad del funcionamiento de la sociedad, que llevan una carga de trabajo inhumana. Entre ellas, me gustaría resaltar dos: la de los jueces (magistrados) y la de los promotores de justicia. Es sorprendente que los gobiernos federal y estatales del país no se preocupen por la calidad de vida de estos esforzados profesionistas. Los jueces parecen secar hielo bajo el sol de mediodía en una sociedad conflictiva que, victimizada por el SPA y las trampas de la mente, tiene poca capacidad para proteger su emoción y resolver conflictos en forma pacífica, por lo que opta por instrumentos jurídicos procesales. Son más de cien millones de procesos en Brasil para un número insustancial de menos de veinte mil jueces. Justo por ser altruistas, incontables magistrados destruyen su salud física y emocional al trabajar de noche, sacrificar sus familias, sus fines de semana y hasta sus días festivos.

Además, muchos de ellos sufren amenazas externas; pero el primero y peor enemigo es lo que viene de adentro, derivado del detrimento de la calidad de vida por la sobrecarga de trabajo intelectual ejercido. El Síndrome del Pensamiento Acelerado les provoca fatiga al despertar, cefalea, dolores musculares, ansiedad, sufrimiento anticipado, trastornos del sueño, déficit de memoria. ¿Cómo tendremos una sociedad justa y fraterna, si somos injustos exactamente con quienes se encargan de impartir justicia? Es necesario prestar atención a todos los profesionistas del sistema jurídico.

Preocuparse por el bienestar de los demás es una buena forma de minimizar los fantasmas que creamos. Es un privilegio y una obligación entregarnos en el ámbito social, ya que lo esencial para la supervivencia es gratuito: el aire, el latido del corazón, el ciclo de glucosa de más de los tres billones de células que conforman el cuerpo. Sin embargo, quien se preocupa por el dolor de los demás debe administrar sus pensamientos con mayor eficiencia, pues el altruismo, como dije, siempre cobrará un precio psicosomático alto. Y uno de los mecanismos que más pueden aliviar el spa y protegernos es la disminución, al máximo, de la expectativa de retorno. Nadie puede frustrarnos más que las personas a quienes nos entregamos.

Bajo un estricto ángulo profesional, el problema es que personas muy eficientes y responsables son irresponsables con su salud emocional. No paran nunca. No se deleitan con su éxito. Cuanto mayor sea el éxito financiero, más quieren trabajar. Cuando alcanzan el podio, su alegría dura poco, pues pronto se sumergen en otra labor. Si las colocamos en una terraza para contemplar lo bello por una o dos horas, se aburren. No logran desacelerar.

Escribo las últimas palabras de este libro en la República Checa, país en que soy publicado. En Praga, la riqueza cultural y arquitectónica es impresionante. Pero noto que japoneses, chinos, alemanes, estadunidenses de un perfil ejecutivo están tensos, tienen un andar apresurado, no se calman. Quieren visitar el máximo de lugares, sacar rápidas fotografías, pero no se detienen a observar en forma lenta y demorada la historia, las lágrimas, las pesadillas y los sueños por detrás de los monumentos. Muchos parecen no estar de vacaciones, sino consumiendo productos turísticos. Terminan más cansados que cuando iniciaron. Las vacaciones, para ser "verdaderas vacaciones", deben limpiar la mente, tranquilizar la emoción, tener dosis elevadas de placer, sueño, reposición de energía y descanso.

7. No ser una máquina de información

En la actualidad, cualquier computadora, por más lenta que sea, tiene la capacidad de "almacenar" y recuperar más información que los cerebros más geniales. Pero no es la cantidad de datos lo que da relevancia a la creatividad y a la eficiencia intelectual.

Mi teoría no contempla sólo la formación del Yo, sino también el proceso de formación de mentes brillantes. Estoy convencido de que la osadía, la autocrítica, la resiliencia, la autoconfianza, la autoestima, la imaginación, el raciocinio multifocal, el raciocinio esquemático y la capacidad de abrir el máximo de ventanas en los núcleos de tensión son más importantes para la producción de nuevas soluciones, de innovación, de respuestas brillantes que una súper memoria saturada de datos.

Las computadoras se forman con un excelente programa y un súper banco de datos; los pensadores se forman con un banco de datos y con dosis elevadas de las funciones más complejas de la inteligencia.

Quien no selecciona libros, textos, técnicas, cursos o artículos tiene dos grandes posibilidades: expandir el Síndrome del Pensamiento Acelerado y bloquear su creatividad. Recuerde que Einstein, Freud y tantos otros productores de conocimiento tenían menos datos en su memoria que la mayoría de sus discípulos de las generaciones siguientes. ¿Entonces cómo llegaron tan lejos?

Ellos transformaron sus falsas creencias y su sentimiento de incapacidad, aplicaron por intuición la técnica del DCD (eran cuestionadores, críticos, determinados) y, además, fueron valientes, intuitivos, imaginativos, libres en su mente. Claro que fallaron mucho, tuvieron noches de insomnio, fueron ofendidos, excluidos, desacreditados. Pero quien vence sin crisis y accidentes, vence sin gloria...

8. No ser un traidor de la calidad de vida

La octava y última técnica para aliviar el SPA está ligada a un error dramático. Antes de hablar de él, permítame preguntar: ¿usted ha sido traicionado de alguna forma? No pocos de nosotros hemos sido traicionados. Sólo los amigos nos traicionan; los enemigos nos decepcionan. Sólo las personas a quienes nos entregamos mucho pueden herirnos tanto.

Y usted, ¿ha traicionado? Quizá responder nos inhiba. ¡Pero, con sinceridad, todos hemos traicionado! Y, lo que es peor, traicionamos lo que es más relevante para tener una mente libre y una emoción saludable. Traicionamos nuestro sueño, nuestros fines de semana, nuestras vacaciones, nuestro relajamiento. Traicionamos el precioso tiempo que podríamos pasar con nosotros mismos, haciendo una depuración mental, transformando nuestras falsas verdades, nutriéndonos en el placer de vivir. Todos somos traidores.

Y nuestra traición no para ahí. Traicionamos el diálogo con las personas más queridas. Traicionamos el tiempo con nuestros hijos, amigos, cónyuge o pareja. El diálogo entre dos personas es la mejor forma de transferir el más notable legado, las nuevas experiencias. Y la transferencia de ese legado es fundamental no sólo para aliviar el SPA, sino también para cimentar las relaciones y dar sabor a la existencia.

A pesar de haber tratado a muchos pacientes y conocer a mucha gente, nunca perdí el placer de dialogar. Cada ser humano, sin importar su estatus social y cultura, y de cuán fragmentado sea desde el punto de vista emocional, es un mundo a ser descubierto, un universo a ser explorado. Me parece extraño que las personas, cuando están en un elevador, no se miren a las caras, y sí hacia los números de los pisos. Todos tenemos necesidad de dialogar, sin embargo, nos escondemos con facilidad.

Dado que soy crítico al culto a la celebridad, rara vez doy entrevistas en Brasil, aunque lo haga en otros países. Tengo millones de lectores, pero las personas casi no conocen mi semblante. Cierta vez ocurrió algo inusitado. Siempre que estoy en un avión, procuro conocer a quien está a mi lado. Es una oportunidad de dialogar, de conocer a otro increíble ser humano. Me senté junto a un hombre de unos 35 años. Él estaba impaciente, tenso, movía las manos y los dedos sobre la pierna. Era probable que quisiera que el avión volara a la velocidad de la luz.

Pronto indagué: "¿Todo está bien?". Él no quería conversar. Impostó la voz y habló con sequedad: "¡Todo!". Entonces pregunté: "¿Usted qué hace?". Él usó un tono más seco y cortante todavía: "¡Ejecutivo!". ¿Ejecutivo de qué?, pensé yo. ¿Del tráfico de drogas, del sector de alimentos, de ropa? Pero el sujeto no quería, de ninguna forma, ser importunado por un extraño. Y, para silenciarme, sacó un libro de la maleta. ¿El título? ¡*El vendedor de sueños*!

Lo miré a la cara y le dije: "Yo conozco al autor de ese libro y, en breve, será llevado a la pantalla". El hombre creyó que yo me estaba burlando de él. Dudando de mis palabras, afirmó con laconismo: "¡Él vive en el exterior!".

Enseguida le pedí que lo abriera en la página tal, y dije que estaba escrito "esto y aquello". Desconfiado, lo verificó. Y quedó impresionado con el hecho de que yo conociera el texto. Frunció el ceño y, con voz autoritaria, me cuestionó: "¿Cómo lo sabe?". Entonces me presenté como el autor del libro.

El sujeto continuó creyendo que yo le estaba jugando una broma. Alzó más la voz y me inquirió: "¡Muéstreme su pasaporte!". Estábamos haciendo un viaje nacional y yo no llevaba mi pasaporte conmigo ni estaba dispuesto a probar nada. Afirmé: "Disculpe la broma. No soy el autor".

Y he aquí que en ese momento apareció una aeromoza que me conocía, y dijo: "Doctor Cury, estoy leyendo uno de sus libros". Cuando el ejecutivo se convenció de que yo era el autor, de improviso me dio un abrazo, sacó su celular y dijo: "¡Subámoslo a Facebook!".

¿Necesitaba todo eso? Yo sólo quería dialogar de ser humano a ser humano. Pero, por desgracia, como dije, estamos muriendo más temprano emocionalmente, aunque vivamos más tiempo biológicamente. No sabemos ser administradores de nuestra emoción, dilatar el tiempo, dialogar, hablar de nosotros mismos, pasar tiempo con aquello que el dinero no puede comprar.

Espero que usted tenga éxito en esa fascinante labor.

SALDAR NUESTRAS "DEUDAS" Y CORREGIR EL RUMBO

Debemos recordar que una de las consecuencias más graves del SPA es la muerte precoz del tiempo emocional. Vivimos tan agitados y atareados a lo largo de la jornada existencial que, cuando paramos a pensar sobre la vida, nos llevamos un susto. Parece que, como afirmé, nos dormimos y no vimos el tiempo pasar. Perdemos lo mejor de nosotros, de nuestros hijos, amigos, cónyuge, mientras chapoteamos en el fango de las preocupaciones, atrincherados en nuestras batallas mentales. La consecuencia es que no pocos seres humanos notables están al borde de la quiebra física y emocional.

Quien no es fiel a su calidad de vida tiene una deuda impagable consigo mismo. ¿De qué tamaño es su deuda con su calidad de vida? Sólo lo sabrá al analizar su mente de manera transparente y honesta.

Para administrar la ansiedad producida por el mal del siglo, el SPA, y saldar nuestras "deudas", debemos usar a diario esas técnicas. Tener el coraje de navegar dentro de nosotros mismos, reconocer nuestras fragilidades, admitir nuestras locuras, corregir rumbos y educarnos para ser autores de nuestra propia historia y, por encima de todo, tener una historia de amor con la vida.

Y nadie puede hacer esa tarea por usted; ni sus hijos, pareja, amigos, neurólogo, psiquiatra, psicólogo o libros. Sólo usted mismo... ¡No traicione lo mejor que hay en usted!

¡Fin (o el comienzo)!

Referencias bibliográficas

Adler, Alfred, *Conocimiento del hombre,* Madrid: Espasa Calpe, 1962.

Adorno, Theodor W., *Educación para la emancipación*, Madrid: Ediciones Morata, 1998.

Chauí, Marilena, *Convite à filosofia,* São Paulo: Ática, 2000.

Costa, Newton C.A. da, *Ensaios sobre os fundamentos da lógica,* São Paulo: Edusp, 1975.

Cury, Augusto, *Armadilhas da mente,* Río de Janeiro: Arqueiro, 2013.

————, *A fascinante construção do Eu,* São Paulo: Ática, 2000.

————, *Em busca do sentido da vida,* São Paulo: Planeta do Brasil, 2013.

————, *Inteligência multifocal,* São Paulo: Cultrix, 1999.

————, *O colecionador de lágrimas,* São Paulo: Planeta do Brasil, 2012.

————, *O código da inteligência,* Río de Janeiro: Ediouro, 2009.

————, *O mestre dos mestres,* São Paulo: Academia da Inteligência, 2000.

————, *Pais brilhantes, professores fascinantes*, Río de Janeiro: Sextante, 2003.

Descartes, René, *El discurso del método,* Madrid: Alianza Editorial, 2011.

Duarte, André, "A dimensão política da filosofia kantiana segundo Hannah Arendt". En: Arendt, Hannah, *Lições sobre a filosofia política de Kant,* Río de Janeiro: Relumé Dumará, 1993.

Feuerstein, Reuven, *Instrumental Enrichment. An Intervention Program for Cognitive Modificability*, Baltimore: University Park Press, 1980.

Foucault, Michel, *Enfermedad mental y personalidad*, Barcelona: Paidós, 1964.

Frankl, Viktor Emil, *El hombre en busca de sentido*. Barcelona: Herder, 2008.

Freire, Paulo, *Pedagogia dos sonhos possíveis*, São Paulo: Unesp, 2005.

Freud, Sigmund, *Obras completas*, Madrid: Editorial Biblioteca Nueva, 1972.

Fromm, Erich, *Ética y psicoanálisis*, México: Fondo de Cultura Económica, 1947.

Gardner, Howard, *Inteligencias múltiples: la teoría en la práctica*, Barcelona: Paidós, 1995.

Goleman, Daniel, *Inteligencia emocional*, Barcelona: Kairós, 1996.

Hall, C. S. y G. Lindzey, *Las grandes teorías de la personalidad*, Barcelona: Paidós, 1975.

Heidegger, Martin. *Conferências e escritos filosóficos*, São Paulo: Abril Cultural, 1989, colección Os Pensadores.

Husserl, Edmund, *La filosofía como ciencia estricta*, Buenos Aires: Nova, 1980.

Jung, Gustav, *Obra completa*, vol. 17: *Sobre el desarrollo de la personalidad*, Madrid: Trotta, 2010.

Kaplan, Harold; Sadock, Benjamin; Grebb, Jack, *Sinopsis de psiquiatría: ciencias de la conducta, psiquiatría clínica*, Buenos Aires: Editorial Médica Panamericana, 1996.

Kierkegaard, Søren, *Diario de un seductor*, México: Editorial Océano, 2017.

Lipman, Matthew, *O pensar na educação*, Petrópolis: Vozes, 1995.

Masten, Ann, "Ordinary Magic: Resilience Processes in Development", *American Psychologist*, vol. 56, núm. 3, 2001.

Masten, Ann; Garmezy, Norman, "Risk, Vulnerability and Protective Factors in Developmental Psychopathology". En: Lahey, Benjamin B.; Kazdin, Alan E. (eds). *Advances in Clinical Child Psychology*: 8. Nueva York: Plenum Press, 1985.

Morin, Edgar. *El hombre y la muerte*, Barcelona: Kairós, 1994.

_____, *Los siete saberes necesarios para la educación del futuro*, París: Unesco, 1999.

Muchail, Salma T., "Heidegger e os pré-socráticos". En: Martins, Joel; Dichtchekenian, Maria Fernanda S.F. Beirão (orgs.), *Temas fundamentais de fenomenologia*, São Paulo: Moraes, 1984.

Nachmanovitch, Stephen, *Free Play. La improvisación en la vida y en el arte*, Buenos Aires: Paidós, 2004.

Piaget, Jean, *Biologia y conocimiento*, México: Siglo XXI, 1969.

Pinker, Steven, *Cómo funciona la mente*, Buenos Aires: Planeta, 2001.

Sartre, Jean-Paul, *El ser y la nada*, Buenos Aires: Iberoamericana, 1946.

Steiner, Claude, *Educación emocional*, Sevilla: Editorial Jeder, 2011.

Sternberg, Robert J. *Más allá del cociente intelectual*, Bilbao: Desclee de Brouwer, 1990

Yunes, Maria Angela M. "A questão triplamente controvertida da resiliência em famílias de baixa renda". Tesis de doctorado. Pontificia Universidade Católica de São Paulo, São Paulo, 2001.

Yunes, Maria Angela M.; Szymanski, Heloísa, "Resiliência: noção, conceitos afins e considerações críticas". En: Tabares, José (org.), *Resiliência e educação*, São Paulo, Cortez, 2001.

La Escuela de la Inteligencia

Imagine una escuela que no sólo enseñe el idioma a los niños y adolescentes, sino también el debate de ideas, la capacidad de ponerse en el lugar del otro y de pensar antes
de reaccionar para desarrollar relaciones saludables. Una
escuela que no enseña sólo matemáticas numéricas, sino
también las matemáticas de la emoción, dónde dividir y
aumentar, y también enseña la resiliencia: la capacidad de
trabajar pérdidas y frustraciones. Siga imaginando una escuela que enseña a administrar los pensamientos y a proteger la emoción para prevenir trastornos psíquicos. Piense
también en una escuela donde educar es formar pensadores creativos, atrevidos, altruistas y tolerantes, y no repetidores de información.

Parece rarísimo que haya, en el teatro de las naciones,
una escuela que enseñe esas funciones más complejas de
la inteligencia, pero ahora existe un programa llamado Escuela de la Inteligencia (EI), que entra en el grado curricular,

con una clase por semana y rico material didáctico, para ayudar a que la escuela de su hijo se transforme en ese tipo de plantel.

El doctor Augusto Cury es el creador del programa Escuela de la Inteligencia. Nos emociona ver los resultados en más de cien mil alumnos. Hay decenas de países interesados en aplicarlo. El doctor Cury renunció a los derechos autorales del programa EI en Brasil, para que éste sea accesible a escuelas públicas y privadas, y haya recursos para ofrecerlo en forma gratuita a jóvenes en situación de riesgo, como los que viven en orfanatos.

Instituto Augusto Cury

El Instituto Augusto Cury imparte cursos sobre la calidad de vida, la administración de los pensamientos y del estrés, la excelencia emocional y profesional, entre otros, para profesionistas, educadores, padres y jóvenes. www.augustocurycursos.com.br.

Esta obra se imprimió y encuadernó
en el mes de diciembre de 2017,
en los talleres de Impregráfica Digital, S.A. de C.V.,
Calle España 385, Col. San Nicolás Tolentino,
C.P. 09850, Iztapalapa, Ciudad de México.